| 혼의 묶임을 파쇄하라 |

Breaking Unhealthy Soul-Ties
by Bill and Sue Banks

Copyright © 1999
Impact Christian Books, Inc.
322 Leffingwell Ave., Suite 101
Kirkwood, MO 63122

Korean Translation Copyright © 2006 by Pure Nard
2F 16, Eonju-ro 69-gil, Gangnam-gu, Seoul, Korea

The Korean edition is published by Arrangement with
Impact Christian Books, Inc.
All rights reserved.

본 제작물의 한국어판 저작권은 Impact Christian Books, Inc와의 독점 계약으로 한국어 판권은 '순전한 나드'가 소유합니다. 저작권자의 허락없이 이 책의 일부 또는 전체를 무단 복제, 전재, 발췌하면 저작권법에 의해 처벌을 받습니다.

빌 & 수 뱅크스 지음 | 최아성·임정아 옮김

혼의 묶임을 파쇄하라

CONTENTS

제1장
- 혼과 혼의 기능　*17*

제2장
- 경건한 혼의 묶임, 불경건한 혼의 묶임　*39*

제3장
- 자의적 선택으로 인한 성인의 해로운 혼의 묶임　*97*

제4장
- 불경건한 혼의 묶임이 갖는 부작용　*151*

제5장
- 치유: 혼의 묶임 파쇄　*159*

제6장
- 해로운 혼의 묶임 예방하기　*175*

추천의 말

불경건한 혼의 묶임에는 반드시 악한 영이 역사하기 마련이다. 나는 이미 귀신이 개입되어 있는 혼의 묶임이 있다는 것을 알고 있었다. 수많은 축사 현장에서 실제로 다양한 영이 관련되어 있는 혼의 묶임을 직접 목격하기도 했다. 성경에 근거하여 불경건한 혼의 묶임에 대한 통찰력을 전해 주는 이 책을 읽으면서 나는 전율을 느꼈다. 이 책은 유익한 혼의 묶임과 해로운 혼의 묶임에 관한 다양한 실제와 원리들을 체계적으로 소개해 준다.

이 책은 축사에 있어서 반드시 염두에 두어야 할 중요한 측면을 다루고 있다. 불경건한 혼의 묶임은 삶을 왜곡시키는 근본적인 요인이다. 성도들의 영적 여정을 가로막는 그릇되고 불경건한 관계로 인해 혼의 묶임이 발생한다. 이러한 혼의 묶임은 성도들을 속박하는 영적인 쇠사슬과 같은 것이다.

그동안 잘 알려지지 않았던 주제에 대하여 이 책은 짜임새 있게 신학적으로도 타당한 해결책을 제시한다. 독자들은 불경건한 혼의 묶임과 관련하여 스스로를 점검해 보고, 이를 파쇄하기 위한 대안을 발견하는 기회로 삼으면 좋을 것이다. 나아가 축사를 통하여 온전하고도 평화로운 해방감도 맛보게 될 것이다.

프랭크 D. 해몬드
(목사, 『안방 속의 돼지 떼』 등 다수의 책 집필)

머 리 말

이 책을 연구하게 된 결정적인 계기는 저드슨 콘웰(Judson Cornwell)이 보낸 편지 때문이다. 그는 편지의 말미에 다음과 같은 질문을 던졌다. "하나님은 우리들의 혼을 하나로 묶으실 수 있을까?"

그의 질문은 참으로 대단한 발상이었다. 이제까지 나는 모든 신자들의 관계를 본질적으로 하나님이 묶어 주신 것이라 여기고 있었다. 저드슨의 질문으로 나는 긍정적인 혼의 묶임에 관해 깊이 생각해 보게 되었다. 전혀 새로운 영역에 관한 고찰이었다.

그런데 한 가지 이상한 사실이 있다. 우리는 최근 몇 년 사이에 부정적이고 사악한 혼의 묶임으로 인해 불거진 여러 가지 문제들을 수없이 많이 접했다. 그러나 1980년대 이전까지만 해도 '혼의 묶임(soul-ties)'이라는 용어를 한 번도 들어본 적이 없다는 것이다. 축사 사역을 하는 사람들도 이 용어를 사용하지 않았다. 만일 이미 '혼의 묶임'이라는 용어가 존재하지 않았다면, 어떻게 이에 관련된 다량의 진리들이 이토록 갑자기 등장할 수 있었을까. 나는 축사 사역에서 내로라하는 일부 저명인사들에게도 이 사실에 대해 물어보았다. 그들도 약 15년 전까지만 해도 이 용어를 접한 적이 한 번도 없다고 대답했다.

결국 나는 축사를 필요로 하는 사람들을 대상으로 28년간 사역하고 나서야 비로소 혼의 묶임에 대해 기꺼이 이해하려는 열린 마음을 갖게 된 것이다. 최근 5년을 제외하면 사실상 나는 이 주제에 관해 전혀 아는 바가 없었다. 내가 혼의 묶임이라는 용어를 접하기 전에는 아마도 혼의 묶임과 관련하여 일어난 현상들을 일종의 주술적인 통제에 속한 것으로 치부해 버리고 간단히 해결하려 들었을 것이다. 그러나 우리가 주목해야 할 중요한 사실이 있다. 주님은 예수의 이름과 보혈의 능력이 높임 받기를 원하신다. 비록 우리가 교묘한 사탄의 정체를 온전히 이해하지 못하고 있는 순간이라도 말이다.

이제 모든 것이 밝히 드러날 시기가 도래하고 있다. 마지막 때가 임박해 오고 있기 때문이다.

숨은 것이 장차 드러나지 아니할 것이 없고 감추인 것이 장차 알려지고 나타나지 않을 것이 없느니라 (눅 8:17)

내가 너희에게 어두운 데서 이르는 것을 광명한 데서 말하며 너희가 귓속말로 듣는 것을 집 위에서 전파하라 (마 10:27)

성령께서는 오늘날 그리스도의 몸 된 교회를 훈련시키시는 중이다. 우리의 분별력도 계속 증가되고 있다. 우리는 하나님 나라의 비밀이 벗겨지고 있는 시대를 살아가고 있다. 하나님은 그리스도의 몸이 교화되어 그리스도의 장성한 분량이 충만한 데까지 자라기를 원하신다.

이 책이 제시하는 것은 어떤 것이든지, 그것이 새로운 것이든, 계시로 인해 드러난 것이든, 독자들은 분별력을 가지고 기도하는 마음으로 조심스럽고 신중하게 읽어 주기를 당부한다. 나 역시 여러분과 마찬가지로 진리를 찾아가는 여정 중에 있는 한 사람에 불과하다. 나의 관심은 오로지 '포로 된 자를 어떻게 자유롭게 할 수 있는지'에 대한 답을 찾는 데 있다.

1999년 1월 미주리 커크우드에서
빌 뱅크스

서 두

우리는 지난 28년 동안 귀신의 속박을 끊는 축사 사역을 해 왔다. 그동안 우리는 하나님의 자녀들을 향한 마귀의 책략과 속임수에 관한 수많은 진리들을 파헤쳤다. 그런데 최근 몇 년 동안 새롭게 깨달은 것이 있다. 대부분의 귀신의 속박 이면에 문제의 뿌리가 존재한다는 사실이다. 우리는 이 뿌리를 '불경건한 혼의 묶임(ungodly soul-tie)'이라 부른다.

신학생들은 다음과 같은 질문을 자주 받을 것이다. "창조주이신 하나님도 들어 올리시지 못할 만큼 큰 바위가 있을까?" 터무니없고 우스꽝스러운 질문이 아닐 수 없다. 하나님이 무엇 때문에 그런 바위를 만드시겠는가. 그러나 엄밀한 의미에서 하나님은 실제로 그러한 일을 행하셨다. 인간에게 자유의지를 주심으로써 말이다.

하나님은 우리에게 자유의지(freewill)를 주셨다. 다시 말해 하나님은 인간을 스스로 주권적인 의지를 행사할 수 있는 존재로 만드셨다. 우리는 섬길 자를 선택할 수 있는 결정권을 가지고 있다. 하나님은 사람의 의지를 강압적으로 거스르시는 분이 아니다. 우리의 생각(minds)을 하나님의 뜻(will)에 온전히 복종하기로 기꺼이 선택할 때까지 인내하며 기다려 주신다.

하나님은 인간에게 자유의지를 선물로 주셨다. 자유의지는 하나님이 창조하신 것 가운데 가장 강력한 힘이다. 자유의지가 얼마나 강력한지 하나님도 이를 조종하거나 제압하지 않으신다. 천사들에게도 자유의지가 있고, 지구상에서 가장 존귀한 피조물인 인간에게도 자유의지가 있다. 하나님도 자유의지를 가지고 계신다. 예수님의 말씀이 이를 증거해 준다.

나의 양식은 나를 보내신 이의 뜻을 행하며 (요 4:34)

그러나 내 원대로 마시옵고 아버지의 원대로 되기를 원하나이다 하시니 (눅 22:42)

이 책에는 다양한 상황들이 소개되고 있다. 어떤 이는 자신의 의지를 다른 사람에게 복종시킴으로써 엄청난 유익을 얻는다. 반면 어떤 이는 귀신이 역사하는 악(demonic evil)을 스스로 불러들이기도 한다.

본서에서는 하나님이 의도하신 경건한 혼의 묶임이 가져다주는 유익과 함께, 불경건한 혼의 묶임이 초래할 해악에 관해 살펴보게 될 것이다. 나아가 성인들 간에 이루어진 불경건한 혼의 묶임으로 인해 귀신의 괴롭힘과 고통을 경험하고 있는 사람들을 어떻게 치유할 것인지 제시하고자 한다.

악한 영을 축사함으로써 치유하는 것은 사악한 혼의 묶임을 파쇄하는 일에 비하면 상대적으로 간단하다. 귀신(demon)을 쫓아내는 것은 쉬운 일이다. 그러나 한 사람의 인생에 영향력을 행사하고 있는 강력한 사람이 있다면, 과연 어떤 방법으로 그를 몰아낼 수 있을까. 사람 안에는 기본적으로 선과 악이 공존하고 있는 데 말이다.

주기도문에서 볼 수 있는 바와 같이, 예수님이 우리에게 구원에 앞서 용서를 명령하신 데에는 그럴 만한 이유가 있다. 주님은 신뢰가 결여된 깨어진 인간관계에서 귀신의 속박이 발생한다는 사실을 이미 알고 계셨다.

우리가 우리에게 죄 지은 자를 사하여 준 것같이 우리 죄를 사하여 주시옵고 우리를 시험에 들게 하지 마시옵고 다만 악에서 구하시옵소서 (마 6:12-13)

눈송이의 모양을 살펴보면, 어느 것 하나 똑같은 것이 없다. 마찬가지로 사람이 맺는 관계도 천차만별이다. 그런데 경건한 혼의 묶임이든지 불경건한 혼의 묶임이든지, 모든 혼의 묶임에는 공통적으로 드러나는 특징들이 있다.

독자 여러분들이 이 책을 통해 관계의 부정적인 측면과 긍정적인 측면을 분명히 인식하고, 한 차원 더 높은 영적인 자유와 성숙을 이루어 가기를 바란다.

제1장
혼과 혼의 기능
(Soul and Its Function)

■ 삼위일체적 존재인 인간

인간은 하나님의 형상을 따라 하나님의 모양대로 창조되었다. 하나님은 삼위일체의 신이다. 이는 세 인격으로 역사하시는 한 분 하나님이라는 의미이다. 하나님의 형상대로 창조된 인간도 삼위일체적인 존재이다. 인간은 영(spirit)이며, 혼(soul)을 가지고 있다. 그리고 영과 혼을 감싸고 있는 것이 육신의 몸(body)이다. 거듭나서 새로워진 사람의 영과 혼은 언젠가는 세상의 집을 떠나 하늘의 집으로 돌아가게 된다. 성경에서는 이 세상의 집을 장막 혹은 천막이라고 부른다. 베드로 사도도 이러한 사실을 여러 번 언급하였다(벧전 1:4, 벧후 1:13-14).

나도 나의 장막을 벗어날 것이 임박한 줄을 앎이라 (벧후 1:14)

데니스 베넷(Dennis Bennett)은 정말 사랑이 많은 사람이다. 신학자이기도 한 그가 나를 위해 삼위일체로서 인간의 개념을 H-도식을 써서 설명해 주었다(아래에 있는 도표를 참조하라).

당신의 혼이야말로 현실의(real) 당신이다. 예를 들어 당신이 팔다리의 기능을 상실했다고 가정해 보자. 당신은 아무 데도 갈 수 없고 아무 일도 할 수 없다. 또 시력도 잃고 청력도 잃고 말도 못하게 되었다고 가정해 보자. 당신은 더 이상 스스로를 표현할 수 없게 된다. 그럼에도 불구하고 여전히 당신은 존재한다. 몸의 기능을 잃었을 뿐이지 당신은 여전히 당신이다. 다만 자신의 존재성(personality)을 표현하는 일을 할 수 없을 뿐이다.

정상적인 상황에서 당신은 몸(body)으로 인격을 표현한다. 이상적으로 볼 때, 베넷의 도식에 나타난 바와 같이 당신의 영은 하나님과 완벽한 조화를 이루면서 혼을 안내하고, 혼은 다시 몸을 지도한다.

영 (spirit)
혼 (soul)
몸 (body)

영은 사람이 가지고 있는 신적인 본성으로, 하나님과 교제하기 위해 마련되었다.

혼은 생각(mind), 지성(intellect), 의지(will), 감정(emotions), 선택 혹은 결정하는 일과 관련된 부분이다. 근본적으로는 인격에 해당한다. 인간은 혼을 통해 실제적으로 이 세상에서 삶을 영위해 나간다(언어, 수학, 사회적 수완 등).

몸 안에는 영과 혼이 거한다. 영과 혼은 몸을 통해 표현된다.

우리는 가장 바람직한 영, 혼, 몸의 기능에 대한 예를 아름다운 시편 103편에서 엿볼 수 있다. 다윗의 영이 혼에게 몸인 혀를 통해 하나님께 적절히 반응할 것을 요청하며 훈계하고 있다.

내 영혼아 여호와를 송축하라 내 속에 있는 것들아 다 그의 거룩한 이름을 송축하라 내 영혼아 여호와를 송축하며 그의 모든 은택을 잊지 말지어다 그가 네 모든 죄악을 사하시며 네 모든 병을 고치시며 (시 103:1-3)

각 사람의 혼은 당사자만의 독특한 특성을 지닌다. 우리는 이것을 그 사람의 인격이라고 부른다. 우리는 말과 행동을 통해 상대방의 혼이 어떻게 표현되는지 지켜보면서 그 사람의 본성과 성격(character)을 파악한다. 이러한 일들은 혼의 차원에서 일어난다. 성경은 사람의 혼이 생각(지성), 의지, 감정, 욕구(desires)로 이루어진 구성물임을 알려 준다. 몇 가지 예를 들어 보면 다음과 같다.

⊙ 생각(mind)-지성, 인지능력

주께서 하시는 일이 기이함을 내 **영혼이** 잘 **아나이다** (시 139:14)

지식 없는 소원은 선하지 못하고 발이 급한 사람은 잘못 가느니라 (잠 19:2)

⊙ 의지(will)-선택하고 결정하는 능력, 자기 보호 및 자기 통제 능력

누구든지 그 선지자의 말을 **듣지 아니하는 자**는 백성 중에서 멸망 받으리라 하였고 (행 3:23)

그러나 내 **원**대로 마시옵고 아버지의 **원**대로 되기를 원하나이다 하시니 (눅 22:42)

⊙ 감정(emotions)-느끼고 경험하는 능력

내 **영혼**이 내 속에서 **낙심이 되므로** (시 42:6)

내 마음으로 사랑하는 자야 네가 양 치는 곳과 정오에 쉬게 하는 곳을 내게 말하라 (아 1:7)

이에 말씀하시되 내 마음이 매우 고민하여 죽게 되었으니 너희는 여기 머물러 나와 함께 깨어 있으라 하시고 (마 26:38)

내 **영혼**이 여호와를 **즐거워함이여** 그의 구원을 **기뻐하리로다** (시 35:9)

⊙ 욕구(desires)-놀랍게도 혼도 정욕적일 수 있다.

네 하나님 여호와께서 네게 허락하신 대로 네 지경을 넓히신 후에 네 마음에 고기를 먹고자 하여 이르기를 내가 고기를 먹으리라 하면 네가 언제나 **마음에 원하는 만큼** 고기를 먹을 수 있으리니
(신 12:20)

그러므로 내가 그의 **마음을 완악한 대로** 버려두어 그의 임의대로 행하게 하였도다 (시 81:12)

바벨론아 네 **영혼이 탐하던** 과일이 네게서 떠났으며 맛있는 것들과 빛난 것들이 다 없어졌으니 (계 18:14)

또 여호와를 기뻐하라 그가 네 마음의 **소원**을 네게 이루어 주시리로다 (시 37:4)

영의 사람은 자연적인 사람, 육적인 사람을 다스리고 지배한다. 혼이 제 기능을 발휘하지 못하면 육적인(carnal) 혼이 된다. 성경에서 말하는 '육신(carnality)'은 사람 안에 있는 것 가운데 성령의 지배와 통제를 받지 않는 모든 것이다.

그러면 어떻게 해야 성령의 지배를 받을 수 있을까? 바로 당신의 영이 성령께 복종할 때 가능해진다. 의지, 지성, 감정을 영에 순복시킨 사람의 혼은 건강하다. 바울은 로마서 7장과 8장에서 육신에 속

한 사람이 갖는 문제점이 무엇인지 이야기하면서, 성령 안에서 영이 혼과 몸을 다스리는 사람에게 얼마나 아름다운 영광과 승리가 예비되어 있는지 말해 준다.

내가 원하는 바 선은 행하지 아니하고 도리어 원하지 아니하는 바 악을 행하는도다 (롬 7:19)

육신을 따르는 자는 육신의 일을, 영을 따르는 자는 영의 일을 생각하나니 육신의 생각은 사망이요 영의 생각은 생명과 평안이니라 (롬 8:5-6)

 넓은 의미에서 볼 때, 경건한 혼의 묶임은 경건한 삶의 정황에서 발생한다. 혹은 경건한 혼의 묶임의 중심에는 하나님이 계신다. 반면에 불경건한 혼의 묶임은 경건치 못한 삶의 정황에서 일어난다. 하나님의 말씀을 거역하는 삶으로 인해 불경건한 혼의 묶임이 발생하기도 한다. 예를 들면 창녀와 몸을 합하는 자가 여기에 해당된다.
 혼의 묶임이 무엇인지 정의 내리기는 생각만큼 용이하지 않다. 혼의 묶임은 사람 수만큼이나 다양한 모습으로 나타난다. 한 사람이 동시에 정도가 다른 여러 종류의 혼의 묶임 가운데 있을 수도 있다. 그러므로 일단 포괄적인 개념만 언급한 후, 독특한 형태의 혼의 묶임의 실례를 살펴보면서, 점차적으로 개념에 대한 이해의 폭을 넓혀 나가는 방법을 취하겠다.

■ 혼의 묶임이란 무엇인가?

혼의 묶임은 강한 결속이다. 이는 두 개의 혼이 굳게 결합된 관계 혹은 연합된 관계에 있는 것을 말한다. 어떤 의미에서 혼의 묶임이란 하나가 되는 것이다.

성경에서 '결속한다(cleave)'는 말은 '한데 결합하다, 단단히 묶이다, 강하게 결속하다'의 의미로 사용되었다. 스트롱 성구사전을 살펴보면, '결속하다(cleave)'의 기본 어근은 히브리어 'דָּבַק' (다바크, 1692번)로, 본래의 의미는 '영향을 미치다' (impinge), 즉 '단단히 들러붙다, 접착하다'이다. 비유적으로는, '쫓아가서 달라붙다'의 뜻과, '어떤 상태로 머물다, 단단히 붙들어 맨, 한데 굳게 결속하다, 뒤를 바싹 쫓아가다, 굳게 결합되다, 단단히 붙들어 놓다, 따라붙다, 집요하게 추격하다, 눌어붙다, 움켜잡다'의 뜻이 있다.

이와 같이 누군가와 혼의 묶임으로 연합되어 있다는 것은 그 사람에게 단단히 들러붙어 있거나 그 사람과 하나로 꽁꽁 묶여 있음을 의미한다. 마치 눌어붙거나 접착되어 있는 것처럼 말이다. 혼의 묶임 가운데 있는 사람이 사랑 때문에 상대방에게 헌신하기도 한다.

사람이 다른 사람과 관계를 맺고 다른 사람과 하나가 되는 것은 혼의 묶임으로 인해 가능해진다. 여기서 하나가 된다는 것은 몸(flesh)이 하나가 되고, 생각(mind)이 하나가 되고, 혼(soul)이 하나가 되는 것을 의미한다. 심리학에 '마인드 컨트롤(mind control)'이라는 말이 있는데, 어떤 이들은 혼의 묶임 현상을 '마인드 링크(mind-links)' 혹은 '소울 링크(soul-links)'라고 부르기도 한다.

그러나 이 책에서는 '경건한' 혼의 묶임과 '불경건한' 혼의 묶임이라는 용어를 사용할 것이다. 경건하고 유익한 혼의 묶임은 무엇이고 상대방의 안녕에 해를 끼치는 혼의 묶임은 무엇인지 각각 구별하여 살펴보게 될 것이다.

웹스터 사전은 '묶임(tie)'이라는 단어를 다음과 같이 정의한다. "묶다, 붙들어 매다, 단단히 동여매다, 결혼관계를 통한 연합과 같은 혈연적 결속, 애정적 결속." '묶임'이라는 말에는 또 다른 의미가 내포되어 있다. "독립적이고 자유롭게 행동하거나 선택하지 못하도록 제지하다. 권위, 세력, 계약, 의무 등으로 무리하게 강요하다."

개인은 이러한 통제를 받을 때, 자신도 그렇게 해야 할 것 같은 의무감을 느낀다. 통제권을 행사하는 대상의 권위와 영향력으로 인해 자신의 독립성 따위는 희생해도 좋다고 생각한다. 이와 같은 부정적인 혼의 묶임의 가장 극단적인 예로 제2차 세계대전 중 독일 민족에게 일어난 일들을 생각해 볼 수 있다. 나치 정권과 히틀러의 압제 하에 있던 독일 국민들은 그들의 본성에 거스르는 일을 하도록 강요당했다.

■ 혼의 묶임은 왜 존재하는가?

하나님은 그분의 백성들이 친밀하고 경건한 관계, 혹은 친밀하고 경건한 혼의 묶임 가운데 있기를 원하신다. 하나님은 혼의 묶임을 섭리하시면서 이를 통해 인간에게 최고의 유익을 주고 싶으셨다. 혼의 묶임은 이미 창조 때부터 하나님의 계획 가운데 존재하고 있었다. 하나님은 그분의 아들인 아담과 단 둘이 동행하고 대화를 나누시는 독점적인 관계에서부터 지상 사역을 시작하셨다.

연합 관계에 있는 두 사람 사이에서 사랑은 반드시 상호적으로 흘러야 한다. 하나님의 섭리 가운데 이루어진 건강한 혼의 묶임 가운데 있을 때, 사랑은 서로를 향해 쌍방향으로 흐른다. 이 사실에 대해서는 '탯줄 개념(umbilical concept)'에서 보다 심도 있게 알아보기로 하자. 또 이 사실을 기초로 하나님이 의도하신 혼의 묶임 혹은 경건한 결속 관계에 관해 논의하고, 추후에 살펴볼 불경건한 혼의 묶임도 바로 이런 관점에서 이해하게 될 것이다.

■ 무의식적인(involuntary) 애착 관계에서 자발적인 애착 관계로의 전환 - 탯줄 개념

사람의 출생과정을 살펴보면, 어머니와 태아는 탯줄을 통해 긴밀하게 연결되어 있다. 태아는 출생 후 세상에서 살아갈 기본적인 양분과 돌봄과 생명을 탯줄을 통해 어머니로부터 흡수한다. 우리는 이러한 수직적인 탯줄 관계를 통해 생명을 공급받는다. 태아에게 있어 이 과정은 거의 무의식적으로(involuntary) 일어난다.

초기에 태아는 자신에게 필요한 생명, 피, 산소, 영양분들을 전적으로 어머니에게 의존한다. 이보다 훨씬 미묘하고 이해하기 어려운 것이 있다면, 어머니가 태아에게 DNA를 전해 준다는 사실이다. 아기의 성장, 머리카락과 눈동자 색깔, 키, 체형 및 아이의 인격에 영향을 주는 많은 요인들이 DNA로 결정된다. 어머니는 아기에게 저주의 영을 물려주기도 한다. 예를 들어 알코올 중독, 약물 중독, 두려움 같은 것들 말이다. 이와 같은 모든 정보들이 탯줄을 통해 흐르는 혈액에 의해 운반되어 모태에서 자라고 있는 아기에게 전달된다.

출생 후 아기와 어머니와의 애착 관계는 자발적인 것으로 변한다. 이제 이런 관계가 지속되느냐 마느냐는 선택에 달려 있다. 성인들은 신뢰, 확신, 사랑 등에 기초하여 자발적으로 상호 의존적인 관계를 만든다.

■ 부정적인(negative) 혼의 묶임의 세 가지 주요 범주

(1) 생각(mind)의 차원에서 이루어지는 지적이고 관념론적인(platonic) 혼의 묶임이 있다. 이것은 교사와 학생 사이, 스승과 제자 사이에서 흔히 발생한다. 이런 종류의 혼의 묶임은 보통 중립적인 성격을 띤다. 단, 스스로를 자발적으로 '상대방의 지도하에' 둠으로써, 자신의 의지를 더 이상 주장할 수 없게 된 경우는 예외이다. 관념론적인 혼의 묶임은 교사-학생의 역할이 종료됨과 동시에 해제되거나 쉽게 의미를 잃는다. 묶여 있다는 사실을 인식하면서 즉시 깨어지는 경우도 있다. 처음에는 단순한 교사-학생의 관계였으나, 점차 교사에 대한 의존과 속박으로 발전해 가거나, 심지어 우상숭배적인 모습으로 나아갈 수도 있다. 사상과 신념을 공유하거나 개념과 이해 그리

고 목표를 같이한 경우에 이런 관계가 될 가능성이 많다.

(2) 미움, 두려움, 사랑 등 감정적인 애착 관계에 있는 경우, 감정 차원에서의 혼의 묶임이 발생한다. 남편과 아내, 부모와 자녀 사이에서 쉽게 발생한다. 이러한 혼의 묶임은 불균형이 심화될 때 왜곡되거나 변태적이 될 수 있다.

(3) 에로틱한 사랑의 애착 관계, 육체적인 사랑의 애착 관계를 통해 혼의 묶임이 발생한다. 이는 죄로 인해 생기는 혼의 묶임이다. 성폭력, 성희롱, 근친상간 등과 같은 그릇된 성관계는 서로를 묶는다. 온갖 종류의 부정한 관계를 통해, 예를 들어 간음하는 남녀나 창녀와 성 관계를 맺음으로써, 관련된 사람들 사이에 혼의 묶임이 발생한다.

혼의 묶임은 보통 하룻밤 사이에 일어나지 않는다. 단, 창녀와의 성관계같이 죄를 범함으로써 발생하는 혼의 묶임은 예외이다. 일반적으로 혼의 묶임은 오랜 기간에 걸쳐 상대방에게 복종하고자 내린 수많은 결정들의 결과물이다.

유대인의 전통 가운데 다음과 같은 것이 있다. 야곱은 열두 개의 막대기를 가지고 그의 열두 아들들에게 연합이 얼마나 큰 힘을 가지는지 보여 주었다. 열두 개의 막대기는 곧 열두 명의 아들들을 상징한다. 야곱은 모든 막대기를 한 다발로 묶고 각각의 아들에게 가서 막대기 다발을 꺾어 보라고 말한다. 아무도 이를 꺾지 못했다. 야곱은 다시 열두 아들들에게 막대기를 하나씩 나누어 주고 꺾어 보라고 한다. 하나의 막대기는 쉽게 꺾어진다.

■ 우리의 모범이신 예수님

1. 흠 없는 혼을 가지고 죄 없는 몸으로 사신 유일한 사람

예수님은 행복한 삶을 사셨고, 영적으로도 승리하셨다. 그분은 다음의 진리를 잘 알고 계셨고, 또한 그것을 우리에게 가르쳐 주셨다.

누구든지 자기 목숨을 구원하고자 하면 잃을 것이요 누구든지 나와 복음을 위하여 제 목숨을 잃으면 구원하리라 (막 8:35)

이후에는 내가 너희와 말을 많이 하지 아니하리니 이 세상의 임금이 오겠음이라 그러나 그는 내게 관계할 것이 없으니 (요 14:30)

인간관계에서 발생하는 온갖 종류의 혼의 묶임은 예수님에 대한 사랑에 비추어 균형을 맞추어 나가야 한다.

아버지나 어머니를 나보다 더 사랑하는 자는 내게 합당하지 아니하고 아들이나 딸을 나보다 더 사랑하는 자도 내게 합당하지 아니하며 (마 10:37)

이 구절에서 예수님은 실제로 아버지를 미워하라고 말씀하신 것이 아니다. 만일 문자 그대로라면, 그분의 가르침과도 모순되는 것이

다. 예수님은 육신의 아버지보다 상대적으로 예수님을 훨씬 더 많이 사랑해야 한다고 가르치신다. 예수님에 대한 사랑이 훨씬 크다 보니, 혈연에 근거한 사랑은 오히려 미움처럼 보일 수도 있다. 주님은 우리가 예수님을 사랑하고 하나님 나라를 갈망할 때, 남들의 오해를 살 수도 있고 사람들과 불화할 수도 있다고 경고하신다.

우리가 사람을 지나치게 사랑하지 않을 수 있는 방법, 어느 누구에게 지나치게 속박되거나 애착 관계에 있지 않을 방법이 있다. 그들보다 예수님을 더 많이 사랑하면 된다. 또한 우리는 반드시 진리 안에서 행해야 한다. 진리가 아닌 것과 타협하는 것은 위험한 일이다. '하찮은' 거짓말 혹은 '하얀' 거짓말이란 없다. 크든 작든 거짓말은 거짓말이다. 거짓을 말함으로써 진리를 부정하게 된다. 진리가 아닌 것과 타협하는 사람은 스스로를 거짓말쟁이라고 말하는 것과 마찬가지이다. 이런 사람은 자신을 사탄 및 사탄의 왕국과 동일시하는 사람이다. 예수님은 스스로를 진리라고 말씀하셨다.

예수께서 이르시되 내가 곧 길이요 진리요 생명이니 나로 말미암지 않고는 아버지께로 올 자가 없느니라 (요 14:6)

2. 진리는 타협될 수 없다.

바울과 요한 모두 행동과 말로 진리와 타협하는 일에 대해 다음과 같이 경고하였다.

이는 가만히 들어온 거짓 형제들 때문이라 그들이 가만히 들어온 것은 그리스도 예수 안에서 우리가 가진 자유를 엿보고 우리를 종으로 삼고자 함이로되 그들에게 우리가 한시도 복종하지 아니하였으니 이는 복음의 진리가 항상 너희 가운데 있게 하려 함이라 (갈 2:4-5)

누구든지 이 교훈을 가지지 않고 너희에게 나아가거든 그를 집에 들이지도 말고 인사도 하지 말라 그에게 인사하는 자는 그 악한 일에 참여하는 자임이라 (요이 1:10-11)

예수님은 자신을 진리라고 하셨다. 진리에 해당하는 헬라어 '$ἀλήθεια$' (알레테이아)는 '실재(reality)' 라는 의미를 가지고 있다 ("나는 실재이다", 실재가 곧 진리이다). 부정적인 혼의 묶임을 해결할 수 있는 한 가지 방법이 있다. 예수님이 제안하신 새로운 관계야말로 우리의 희망이다.

대답하시되 누가 내 어머니이며 동생들이냐 하시고 둘러앉은 자들을 보시며 이르시되 내 어머니와 내 동생들을 보라 누구든지 하나님의 뜻대로 행하는 자가 내 형제요 자매요 어머니이니라 (막 3:33-35)

예수님은 모든 결정을 오직 하나님의 뜻에 따라 내리셨다. 어느 누구도, 심지어 예수님이 깊이 사랑하시던 사람일지라도, 예수님의 결정에 조금도 영향을 주지 못했다. 우리도 예수님을 본받아야 한다. 우리가 맺고 있는 어떤 관계도 하나님께 순종하는 일보다 중요하게 여겨서는 안 된다. 온전하지 못한 순종, 전심으로 행하지 않는 순종, 즉각적으로 이루어지지 않는 순종들은 모두 불순종에 해당한다.

3. 속박을 거부하신 예수님

예수님은 가장 사랑하시는 사람이었던 어머니와의 속박마저 거절하셨다. 마리아는 예수님이 기적을 행하는 능력을 나타내 보이시기를 원했다. 그러나 아직 예수님의 때가 이르지 않은 시점이었기에, 예수님은 다음과 같이 답하셨다.

예수께서 이르시되 여자여 나와 무슨 상관이 있나이까 내 때가 아직 이르지 아니하였나이다 (요 2:4)

예수님은 하나님 아버지의 시간표보다 앞서 나가기를 거부하셨다. 이기적인 유익을 얻기 위해 행하는 일이라면 무엇이든 거절하셨다. 예수님은 가나에서 놀라운 예언적 기적을 행하시기 위해 하늘 아버지의 허락이 떨어지기를 기다리셨다. 하늘 아버지께서 명령하실 때 비로소 초자연적인 기적을 일으키시길 원하셨다. 예수님은 순종의 사역을 행하신 분이었다. 예수님은 하나님의 뜻에 어긋나는 온갖 압박들에 저항하셨다. 그릇된 동기를 가지고(마 4:6) 하나님의 때에서 벗어나 기적을 행하는 일(마 4:3), 하나님 아버지가 아닌 대상에게 복종하는 일(마 4:9), 사람들에게 자신을 믿도록 표적을 보이는 일(요 3:18, 6:30) 따위를 거부하셨다.

주님은 육신의 형제들로부터 오는 압박에도 굴복하지 않으셨다. 예수님은 사람을 기쁘게 하려는 유혹에 저항하심으로써, 하나님이 아닌 사람을 기쁘게 하는 영을 차단하셨다. 예수님은 사람의 영향력 아래에 놓이기를 거부하셨다. 악마화(demonization)란 하나님께 속하지 않은 영의 지배를 받는 것을 말한다.

그 형제들이 예수께 이르되 당신이 행하는 일을 제자들도 보게 여기를 떠나 유대로 가소서 스스로 나타나기를 구하면서 묻혀서 일하는 사람이 없나니 이 일을 행하려 하거든 자신을 세상에 나타내소서 하니 이는 그 형제들까지도 예수를 믿지 아니함이러라 예수께서 이르시되 내 때는 아직 이르지 아니하였거니와 너희 때는 늘 준비되어 있느니라 (요 7:3-6)

예수님은 목숨을 위해 하나님의 뜻을 포기하라는 사탄의 속삭임을 거절하셨다. 사탄은 가장 가깝고 친한 친구이자 측근 중 한 명이었던 베드로를 통해 예수님을 유혹하려고 했다. 예수님은 자신이 머지않아 예루살렘에서 어떠한 죽음을 맞이하게 되실지에 대해 설명하시는 중이었다. 이때 베드로가 다음과 같은 말로 예수님을 만류하려고 했다.

베드로가 예수를 붙들고 항변하여 이르되 주여 그리 마옵소서 이 일이 결코 주께 미치지 아니하리이다
(마 16:22)

예수님은 사랑하는 친구의 입을 통해 사탄이 말하고 있음을 아시고, 베드로를 꾸짖으셨다.

예수께서 돌이키사 제자들을 보시며 베드로를 꾸짖어 이르시되 사탄아 내 뒤로 물러가라 네가 하나님의 일을 생각하지 아니하고 도리어 사람의 일을 생각하는도다 하시고 (막 8:33)

누가복음에는 다음과 같은 의미심장한 구절이 첨부되어 있다.

예수께서 대답하여 이르시되 기록된 바 주 너의 하나님께 경배하고 다만 그를 섬기라 하였느니라 (눅 4:8)

사탄은 하나님의 뜻과는 완전히 반대되는 입장에 있는 육신(flesh)에 호소하는 방법을 통해, 어떻게 해서든 예수님을 하나님의 뜻에서 빗나가게 하려고 애썼다. 위에 인용한 바와 같이 누가는 우리가 하나님만 섬겨야 한다고 강조하고 있다. 이를 달리 표현하면 다음과 같다. '어떤 사람에게도 종속되지 말라. 오직 하나님께만 복종하라.' 오직 하나님만 섬긴다는 것은, 신실하고도 솔직한 태도로 섬기는 것이며, 어느 누구와도 혼적으로 묶이지 않은 모습으로 섬기는 것을 의미한다.

예수님은 대중의 인정을 받으려는 유혹에 맞서셨다. 예수님은 사람의 인정을 구하지 않으셨다. 예수님이 구하신 것은 오직 하늘 아버지의 인정이었으며, 하늘 아버지의 뜻만을 행하기 원하셨다. 예수님은 세상의 인정을 필요로 하지도 않으셨고, 구하지도 않으셨으며, 받아들이지도 않으셨다. 단순히 받아들이기만 하면, 세상의 인정은 쉽게 예수님의 몫이 될 수도 있었다. 예수님은 사람 속에 남을 조종하려는 태도, 남을 이용하려는 태도, 그분을 부자연스러울 정도로 의존하려는 태도가 있음을 이미 아셨다.

죽은 자 가운데서 살아나신 후에야 제자들이 이 말씀하신 것을 기억하고 성경과 예수께서 하신 말씀을 믿었더라 유월절에 예수께서 예루살렘에 계시니 많은 사람이 그의 행하시는 표적을 보고 그의 이름을 믿었으나 예수는 **그의 몸을 그들에게 의탁하지 아니하셨으니** 이는 친히 모든 사람을 아심이요 또 사람에 대하여 누구의 증언도 받으실 필요가 없었으니 이는 그가 친히 사람의 속에 있는 것을 아셨음이니라 (요 2:22-25)

사탄은 심지어 예수님과도 애착 관계 및 지배 관계를 형성하려고 했다. 시험의 산(Mount of Temptation)에 올라 예수님께 복종과 경배를 요구했던 것이다. 예수님은 하나님께 대한 한결같은 헌신을 최고 순위에 두시는 강인함을 우리에게 보여 주셨다.

예수님은 자기를 보호하고자 혼의 욕구를 내세우는 일마저 거절하셨다. 육신을 성령께 복종시키고자 겟세마네 동산에서 세 번이나 같은 말씀으로 기도하시는 모습에서 이 사실을 확인할 수 있다. 그러나 기도하시는 모습 자체가 이미 예수님이 하나님께 복종하고 계셨음을 말해 준다. 예수님은 다음과 같이 기도하셨다.

이르시되 아버지여 만일 아버지의 뜻이거든 이 잔을 내게서 옮기시옵소서 그러나 **내 원대로 마시옵고 [not my will]** 아버지의 원대로 되기를 원하나이다 하시니 (눅 22:42)

이처럼 하나님의 뜻과 예수님의 뜻(혼)이 서로 충돌하고 있었다. 그렇지 않고서야 왜 예수님이 자신의 혼을 성령의 지배하에 두시고자 그토록 열렬히 기도하셔야만 했겠는가.

■ 불경건한 혼의 묶임을 파쇄하기 원하시는 하나님

하나님은 우리의 혼이 회복되기를 원하신다. 그리하여 우리가 온 영과 혼과 몸으로 하나님을 찾기를 갈망하신다.

평강의 하나님이 친히 너희를 온전히 거룩하게 하시고 또 너희의 온 영과 혼과 몸이 우리 주 예수 그리스도께서 강림하실 때에 흠 없게 보전되기를 원하노라 (살전 5:23)

완전하고 흠이 없는 혼을 갖기 전까지 우리는 혼을 다해 하나님을 섬기라는 명령에 결코 순종할 수 없다!

오직 여호와의 종 모세가 너희에게 명령한 명령과 율법을 반드시 행하여 너희의 하나님 여호와를 사랑하고 그의 모든 길로 행하며 그의 계명을 지켜 그에게 친근히 하고 너희의 마음을 다하며 **성품을 다하여** [all your soul] 그를 섬길지니라 하고 (수 22:5)

혼을 다해 하나님을 사랑하기 원하는가? 그렇다면 먼저 경건한 혼의 묶임과 불경건한 혼의 묶임이 무엇인지 알아야 한다. 이에 관하여는 다음 장에서 살펴보도록 하자.

제2장
경건한 혼의 묶임, 불경건한 혼의 묶임
(Soul-ties, Both Godly and Ungodly)

우선 경건한 혼의 묶임은 무엇이고 불경건한 혼의 묶임은 무엇인지 구별해야 한다. 혼의 묶임은 혼적인 차원에서 이루어지는 속박임을 기억하라. 혼의 묶임이란 두 사람 이상의 혼이 한데 묶여 있는 것을 뜻한다. 오늘날 많은 이들이 어떤 식으로건 누군가와 결합되어 있는 것을 모두 불경건하다고 생각한다. 그러나 하나님이 의도하신 경건하고 건강한 혼의 묶임도 있다. 원래 혼의 묶임은 하나님이 만드신 것이다. 하나님은 혼의 묶임을 통해 최초의 부부에게 유익을 주고 싶으셨다.

모든 혼의 묶임에는 평화롭게 더불어 살아가기 위한 복종, 타협, 영향력 등이 내포되어 있다. 경건한 혼의 묶임은 안정적이고 평화로우며 영향력을 가진다. 경건한 혼의 묶임은 인간 관계뿐 아니라 하늘 아버지와의 관계도 안정감 있게 만들어 준다. 내가 믿기로, 불경건한 혼의 묶임보다는 경건한 혼의 묶임이 훨씬 더 많다.

불경건한 혼의 묶임 가운데 있을 때, 어느 한쪽이 다른 사람을 하나님의 윤리 규범을 온전히 따르거나 순종하지 못하게 방해한다. 하나님과의 관계를 가로막는 혼의 묶임은 사악한 혼의 묶임이다. 사악한 혼의 묶임 가운데 있는 사람은 자신이 상대방과 연합함으로써 악하게 더럽혀졌음을 깨닫는다. 바울은 고린도전서에서 이 같은 형태의 인간 관계에 대해 경고했다.

속지 말라 악한 동무들은 선한 행실을 더럽히나니 (고전 15:33)

위 성경구절의 문자적인 의미는 다음과 같다. "타락한 교제(우정, 육체 관계)를 허용함으로써 당신의 도덕적 습관(태도, 몸가짐)을 망치지 말라."

성경에 나타난 경건한 혼의 묶임에 관해 생각해 보자.

하나님은 사람이 혼자서는 완전할 수 없음을 아셨다. 그래서 연합하게 만드셨다. 그리스도와의 연합(하나님이 없는 자는 공허하다), 배필인 아내와의 연합, 동료 인간들과의 연합 등이 그것이다.

"네 이웃 사랑하기를 네 자신과 같이 사랑하라"(레 19:18).

따라서 가장 우선적으로 이루어져야 할 최상의 혼의 묶임은 그리스도와의 연합이다. 하나님과 함께 멍에를 메라.

나는 마음이 온유하고 겸손하니 **나의 멍에**를 메고 내게 배우라 그리하면 너희 마음이 쉼을 얻으리니 이는 내 멍에는 쉽고 내 짐은 가벼움이라 하시니라 (마 11:29-30)

여기서 '멍에'에 해당하는 헬라어는 'ζυγός' (주고스, 2218번)로, 어근은 '(멍에 따위를) 함께 멤으로 연합되다' 라는 뜻을 가진 'ζεύγνυμι' (주그누미)이다. 본래 의미는 '결합(coupling)' 인데, 비유적으로 '법이나 의무에 예속된 상태' 라는 뜻이 있다. 문자적인 의미로는 '(두 개의 저울 접시를 연결하는) 저울대', '한 쌍의 저울', '멍에' 등이 있다.

그리스도께서는 주님의 백성들을 부르셔서 주님과의 생명력 넘치는 연합 가운데 머물게 하신다. 주님은 멍에의 비유뿐 아니라 포도나무 비유를 통해서도 말씀하셨다. 포도나무 줄기에 붙어 있는 가지와 마찬가지로, 신자들은 생명 유지에 필요한 양분을 얻고 열매를 맺기 위해 반드시 주님께 붙어 있어야 한다.

우리가 주님과의 생명력 있는 연합으로 부름 받은 존재들이라는 것은 성경에서 다양한 비유와 상징을 통해 나타난다.

예를 들면 다음과 같다. 하늘에서 내려온 산 떡이신 주님과 연합함으로 우리는 생명을 유지한다. 또 포도나무 가지가 줄기에 붙어 있듯이, 우리도 가지처럼 주님께 연결되어 있다. 그리고 우리는 주님의 몸 된 교회의 지체로서 머리이신 주님께 붙어 있다.

주님은 목자이시고 우리는 그분이 돌보시는 양이다. 주님은 왕이요 주인이시고 우리는 그분의 종이다. 주님은 신랑이요 우리는 신랑을 기다리는 신부이다. 주님의 몸인 우리는 하나가 되기 위해 부름 받은 자들이다. 주님과의 연합, 나아가 모든 지체들 간의 연합에 우리의 존재 의미가 있다.

우리가 앞서 언급한 탯줄 개념은 주님께서 말씀하신 포도나무 비유와 일맥상통한다.

■ 탯줄 개념(umbilical concept)으로서의 포도나무 비유

예수님은 포도나무를 예로 들어 주님의 몸이 어떻게 주님과 관계를 맺고 기능해야 하는지 설명해 주셨다. 주님은 우리가 모든 일에 언제나 생명을 다해 주님을 의지해야 한다고 말씀하신다.

내가 참 포도나무요 내 아버지는 농부라… 내 안에 거하라 나도 너희 안에 거하리라 가지가 포도나무에 붙어 있지 아니하면 스스로 열매를 맺을 수 없음같이 너희도 내 안에 있지 아니하면 그러하리라 나는 포도나무요 너희는 가지라 그가 내 안에, 내가 그 안에 거하면 사람이 열매를 많이 맺나니 나를 떠나서는 너희가 아무것도 할 수 없음이라 (요 15:1, 4-5)

우리는 주님을 의지하고 주님으로부터 힘과 생명력을 얻어야만 열매를 맺을 수 있다. 육신의 힘과 노력으로는 다른 이의 삶을 변화시킬 수 있는 영향력 있는 존재가 될 수 없다. 주님의 생명이 우리를 통해 드러나게 내어 드릴 때 비로소 우리는 진정한 주님의 대사 혹은 가지가 될 수 있다. 그리고 우리를 통해 주님의 사랑이 밖으로 흘러 나가면서 다른 이들의 삶 가운데 열매를 맺게 한다.

포도나무 가지는 줄기로부터 다음의 것들을 얻는다.

1. 양분(Nourishment)

우리는 주님과의 연합 가운데 머물면서 영적인 자양분을 공급받는다. 우리는 마치 둥지 안에 있는 아기 새같이, 주님이 우리의 생명 유지에 꼭 필요한 양분을 공급해 주실 것을 기대하면서, 단순히 믿음으로 입을 벌린다. 이렇게 우리는 하나님의 말씀을 먹으면서 살아간다. 이에 관해서는 예수님이 이미 잘 가르쳐 주셨다.

하나님은 우리에게 필요한 모든 것을 공급해 주시기 원하신다. 주님은 실제로 우리 삶에 반드시 필요한 양분으로 우리를 먹이신다. 하나님의 입에서 나오는 모든 말씀이 바로 우리의 양분이다.

2. 성장(Growth)

주님을 우리의 생명과 양분의 공급자로 의지하고, 주님의 말씀을 먹으며 살아가기로 선택함으로 우리는 영적으로 성장하게 된다.

갓난아기들같이 순전하고 신령한 젖을 사모하라 이는 그로 말미암아 너희로 구원에 이르도록 **자라게** 하려 함이라 (벧전 2:2)

오직 사랑 안에서 참된 것을 하여 **범사에 그에게까지 자랄지라** 그는 머리니 곧 그리스도라 (엡 4:15)

오직 우리 주 곧 구주 예수 그리스도의 **은혜**와 그를 아는 **지식에서**

자라 가라 영광이 이제와 영원한 날까지 그에게 있을지어다
(벧후 3:18)

포도나무와 가지의 생명력이 연결되어 있기만 하면, 포도나무의 DNA와 잠재적인 성장 가능성이 가지로 전달된다. 그리고 점진적으로 성장하는 가운데 줄기와 가지는 동일한 성격과 특성을 지니게 된다.

3. 지탱과 힘(Support and strength)

포도나무는 가지와 오랫동안 붙어 있으면서, 가지가 더러운 땅 아래로 처져서 오염되는 일이 없도록 잘 받쳐 준다. 포도나무가 가지를 떠받쳐 주는 힘 덕분에, 가지는 계속해서 땅과의 접촉을 피할 수 있다. 마찬가지로, 우리를 떠받쳐 주는 힘이 있을 때, 우리도 다음의 말씀처럼 살 수 있다.

모든 무거운 것과 얽매이기 쉬운 죄를 벗어 버리고 (히 12:1)

4. 인도(Guidance)

포도나무는 포도나무로서 최고의 유익을 얻기 위해 가지의 성장을 '계획하고' 이끌어 간다. 이와 동일한 원리가 하나님 나라에도 적용된다. 예수님은 몸 된 교회의 유익을 도모하고 주님의 목적을 이루

시기 위해, 주님의 일꾼들을 주님이 원하시는 곳에 전략적으로 배치하신다. 예수님은 몸 된 교회 전체를 위한 놀라운 계획을 가지고 계신다.

그 후에 주께서 따로 칠십 인을 세우사 친히 가시려는 각 동네와 각 지역으로 둘씩 앞서 보내시며 (눅 10:1)

그에게서 온몸이 각 마디를 통하여 도움을 받음으로 연결되고 결합되어 각 지체의 분량대로 역사하여 그 몸을 자라게 하며 사랑 안에서 스스로 세우느니라 (엡 4:16)

포도나무는 들어 올려 주는 역할을 한다. 포도나무는 '위를 향한 부르심(upward-calling)'을 통해 나무가 점점 높이 자라가도록 촉구한다.

서로 돌아보아 사랑과 선행을 격려하며 (히 10:24)

5. 열매 맺음(Fruit-bearing)

포도나무가 존재하는 목적은 한 가지이다. 하나님 나라를 위해 유익한 열매를 맺고, 하나님께 영광을 돌려 드리는 것이다.

우리는 그가 만드신 바라 그리스도 예수 안에서 **선한 일을 위하여 지**

으심을 받은 자니 이 일은 하나님이 전에 예비하사 우리로 그 가운데서 행하게 하려 하심이니라 (엡 2:10)

이같이 너희 빛이 사람 앞에 비치게 하여 그들로 **너희 착한 행실을 보고** 하늘에 계신 너희 아버지께 영광을 돌리게 하라 (마 5:16)
좋은 땅에 있다는 것은 착하고 좋은 마음으로 말씀을 듣고 지키어 인내로 **결실하는** 자니라 (눅 8:15)

너희가 **열매를 많이 맺으면** 내 아버지께서 영광을 받으실 것이요 너희가 내 제자가 되리라 (요 15:8)

6. 보호(Protection)

가지들은 포도나무에서 공급되는 힘과 지원을 받으면서 생명을 유지해 나간다. 가지들 사이의 상호 관계성은 강한 폭풍우로부터 서로를 보호해 준다. 이를 통해 포도나무 줄기는 전체적으로 점점 더 튼튼해진다.

너는 일깨어 그 남은 바 죽게 된 것을 굳건하게 하라 (계 3:2)

그러나 내가 너를 위하여 네 믿음이 떨어지지 않기를 기도하였노니 너는 돌이킨 후에 네 형제를 굳게 하라 (눅 22:32)

포도나무에게 있는 생명은 선물로 주어진 것이다.

너희는 그 은혜에 의하여 **믿음으로 말미암아 구원을 받았으니** 이것은 너희에게서 난 것이 아니요 **하나님의 선물**이라 (엡 2:8)

나의 의인은 **믿음으로 말미암아 살리라** (히 10:38)

이는 너희 믿음의 시련이 인내를 만들어 내는 줄 너희가 앎이라 (약 1:3)

몸에서 몸으로의 사역이다.

오직 너희 **믿음이 자랄수록** 우리의 규범을 따라 너희 가운데서 더욱 **풍성하여지기를** 바라노라 (고후 10:15)

■ 인간과 창조(Man and the Creation)

하나님은 이 세계를 통해 주님의 보이지 않는 속성들과 영원한 능력, 신성을 가시적으로 드러내 보이기 원하신다.

이는 하나님을 알 만한 것이 그들 속에 보임이라 하나님께서 이를 그들에게 보이셨느니라 창세로부터 그의 보이지 아니하는 것들 곧 그의 영원하신 능력과 신성이 그가 만드신 만물에 분명히 보여 알려졌나니 그러므로 그들이 핑계하지 못할지니라 (롬 1:19-20)

하나님은 모든 창조 가운데 "심히 좋았다"고 말씀하셨다. 하나님은 이 모든 것들을 사람을 위해 마련하셨으며, 이를 통해 사람에게 새 힘을 주시기 바라셨다. 하나님의 아름다움과 지혜가 모든 피조물의 아름다움과 지혜 가운데 반영되어 있다는 사실을 올바르게 인식할 수만 있다면, 우리는 그를 둘러싼 모든 주변 세계와 아주 건강한 관계를 맺게 될 것이다.

그러나 우리는 이 세상을 사랑하거나 세상에 과도하게 집착해서는 안 된다. 사물들, 심지어 생명이 없는 대상들을 사랑함으로 창조주보다 피조물을 더 경배해서는 안 된다. 어떤 대상에게 집착하면 저주가 임한다. 어떤 대상에 대한 감상적인 애착(sentimental attachment)을 통해 혼의 묶임이 형성된다. "나는 절대로 그것과 헤어질 수 없어." "나는 그것 없이는 도저히 살 수 없어." 사람이 짐승과 혼적으로 묶이면, 사람과의 관계보다 짐승에게 우선권을 두는 모습으로 변할 수 있다. 우리가 어떤 사물이나 장소에 지나치게 의미를 부여하거나 집착할 때, 그 사물이나 장소가 우상이 된다.

이 세상이나 세상에 있는 것들을 사랑하지 말라 누구든지 세상을 사랑하면 아버지의 사랑이 그 안에 있지 아니하니 (요일 2:15)

위 성경구절에서 '사랑'에 해당하는 헬라어는 '$\dot{\alpha}\gamma\alpha\pi\dot{\alpha}\omega$' (아가

파오)이다. 이것은 사회적이고 도덕적인 의미로, 하나님과의 사랑과 같은 사랑을 뜻한다.

그런즉 내가 무엇을 말하느냐 우상의 제물은 무엇이며 우상은 무엇이냐 무릇 이방인이 제사하는 것은 귀신에게 하는 것이요 하나님께 제사하는 것이 아니니 나는 너희가 귀신과 교제하는 자가 되기를 원하지 아니하노라 (고전 10:19-20)

너희가 만일 돌아서서 너희 중에 남아 있는 이 **민족들을 가까이하여 더불어 혼인하며** 서로 왕래하면 확실히 알라 너희의 하나님 여호와께서 이 민족들을 너희 목전에서 다시는 쫓아내지 아니하시리니 그들이 너희에게 **올무가 되며 덫이 되며** 너희의 옆구리에 채찍이 되며 너희의 눈에 가시가 되어서 너희가 마침내 너희의 하나님 여호와께서 너희에게 주신 이 아름다운 땅에서 **멸하리라** (수 23:12-13)

여기서 '결속한다(cleave)'는 것은 히브리어로 'דָּבַק' (다바크, 1692번)로, '단단히 들러붙다 혹은 접착하다', '어떤 상태로 머물다, 단단히 붙들어 매다, 한데 굳게 결속하다, 굳게 결합되다, 단단히 붙들어 놓다'의 뜻이다.

스스로 지혜 있다 하나 어리석게 되어 썩어지지 아니하는 하나님의 영광을 썩어질 사람과 새와 짐승과 기어 다니는 동물 모양의 우상으로 바꾸었느니라 그러므로 하나님께서 그들을 마음의 정욕대로 더러

움에 내버려 두사 그들의 몸을 서로 욕되게 하게 하셨으니 이는 그들이 하나님의 진리를 거짓 것으로 바꾸어 피조물을 조물주보다 더 경배하고 섬김이라 주는 곧 영원히 찬송할 이시로다 아멘 (롬 1:22-25)

애착 관계라는 틈을 통해 그 사람의 삶 속에 귀신이 침입한다. 마태복음에서 주님은 사람이 하나님과 재물을 겸하여 섬길 수 없다고 말씀하셨다(마 6:24).

주술과 마찬가지로, 피조물에게 보호를 구하거나 피조물을 숭배의 대상으로 삼을 때, 사람은 스스로를 귀신과 묶어 버릴 수 있다. 그러나 본서의 취지상 논의의 범위는 둘 혹은 셋 이상의 인간관계 속에서 일어나는 혼의 묶임, 그리고 이러한 관계를 통해 발생할 수 있는 여러 가지 속박들에 관한 것에 한정하려고 한다.

I. 배우자 및 가족과의 연합

결혼관계를 통해 남편과 아내는 육체적으로 하나가 된다. 이는 아담과 이브를 향한 하나님의 명령이기도 했다.

이러므로 **남자가** 부모를 **떠나** 그의 아내와 **합하여** 둘이 **한 몸을 이룰지로다** (창 2:24)

하나님은 최초의 부부를 위해 혼의 묶임을 의도적으로 고안해 내셨다. 결혼에 관한 최초의 명령으로, 하나님은 결혼관계에 들어가는 사람에게 '떠남'을 통한 '연합'의 원리를 말씀해 주셨다. 다시 말해, 결혼을 하려는 사람은 우선 부모의 통제와 부모와의 감정적인 혼의 묶임을 끊고, 이를 아내와의 연합을 통한 경건한 혼의 묶임으로 대체해야 한다. 이렇게 하여 개인 대 개인으로 있던 두 사람은 새로운 한 몸(flesh), 혹은 한 개인이 된다. 자녀는 부부의 연합이 하나님의 축복임을 보여 주는 가시적인 기념물이다.

그런즉 이제 둘이 아니요 **한 몸**이니 그러므로 하나님이 짝지어 주신 것을 사람이 나누지 못할지니라 하시니 (마 19:6)

사람의 감정 가장 깊은 곳에는 자신의 배우자, 혹은 잠재적인 배우자를 향한 사모함이 있다. 바로 여기에 혼의 묶임의 위험성이 도사리고 있다. 수많은 사람들이 결혼에 대한 오해를 품고 살아간다. 결혼을 하나님이 섭리하신 평생에 걸친 언약의 묶임(tie)으로 여기기보다, 단순히 두 사람 사이에 이루어지는 합의 정도로 취급함으로써, 그 가치를 떨어뜨린 것이다. 사람들 사이에 맺어지는 많은 계약이 쉽게 깨어지는 것과 마찬가지로, 이제까지 최소 절반 이상이나 되는 결혼이 출발부터 실패를 예고하고 있다.

■ 불완전한 존재로 만들어진 인간

사람은 배필의 도움을 필요로 하는 존재로 창조되었다. 하나님은 이미 창조 때부터 사람이 불완전한 존재임을 잘 알고 계셨다. "여호와 하나님이 이르시되 사람이 혼자 사는 것이 좋지 아니하니 내가 그를 위하여 돕는 배필을 지으리라 하시니라"(창 2:18). 사람은 본래 관계를 갈망하는 존재이다. 필요한 관계가 충족되지 못할 때, 이를 하나님으로 채우기 전까지 인간은 공허를 느낄 수밖에 없다.

아담과 하와의 경우에서 볼 수 있는 바와 같이, 결혼이란 원래 하나님이 만들어 주신 반대의 성을 가진 두 사람 사이에 이루어지는 언약적인 합의였다. 아담은 자신의 입으로 직접 이 언약을 선포하였다. "이는 내 뼈 중의 뼈요 살 중의 살이라 이것을 남자에게서 취하였은즉 여자라 부르리라 하니라 이러므로 남자가 부모를 떠나 그의 아내와 합하여 둘이 한 몸을 이룰지로다"(창 2:23-24).

결혼에는 본질상 두 가지 차원이 포함된다. 배우자 상호 간에 존재하는 수평적인 차원과, 두 사람이 하나님의 은혜와 통치 하에 있음을 인식하는 수직적인 차원이다.

■ 공격받고 있는 경건한 연합

흥미롭고도 깊은 깨달음을 주는 한 가지 사실이 있다. 결혼이 있기 전까지 사탄은 한 번도 아담을 직접적으로 공격한 적이 없었다.

결혼이 생겨나자마자 사탄은 이 최초의 부부를 무너뜨리기 위한 공작을 개시하였다!

다시 말해 사탄은 최초의 경건한 혼의 묶임이 형성되자마자, 연합되어 있는 두 사람을 파괴하려고 시도했다. 사탄은 경건한 혼의 묶임 가운데 있는 사람들의 엄청난 잠재력을 대단히 싫어하는 것이 분명하다.

불행하게도 사탄의 작전은 성공했다. 아담은 명백한 하나님의 말씀을 따르기보다, 하나님의 말씀에 불순종하는 아내의 제안에 굴복하고 말았다. 사탄은 아담이 하나님의 말씀보다 아내의 소원을 우위에 두게 함으로써, 하와의 혼적 영향력에 지배당하게 부추겼다. 그 결과 아담과 하와는 더 이상 에덴에서 살 수 없게 되었고, 이후의 삶도 저주 받았다. 뿐만 아니라 죽음이 들어오게 되어, 모든 피조물이 총체적인 타락을 맞이하게 되었다.

결혼관계를 통해 경건하게 시작된 혼의 묶임도 변질 혹은 왜곡되거나 깨어질 수 있다. 크리스천의 결혼관계를 통해 이루어진 경건한 혼의 묶임이 부정행위 때문에 손상되거나 깨지기도 한다. 부정행위는 죄책감, 분노, 용서하지 못함, 비통한 감정들을 불러일으키다가, 마침내 그나마 남아 있던 사랑마저 분노로 변질시켜 버리고 마는 경우가 허다하다.

결혼 안에서 이루어진 건강한 혼의 묶임이 서약이나 약속 위반으로 돌이킬 수 없는 손상을 입는 경우도 있다. 술이나 마약 복용을 중단하겠다는 약속 등을 예로 들 수 있다. 약속을 위반하면, 실망감, 분노, 비통함, 용서하지 못하는 마음이 생기고, 결국 이혼으로 치닫게 된다. 대체적으로 남편들이 술이나 마약을 끊지 못해 아내들이 떠나가는 경우가 많다.

물론 그 반대의 경우도 있을 수 있다. 남편들은 스스로 세워 놓은 삶의 기준에 미치지 못할 때 자신을 탓하기 쉽다. 2년 안에 자기들만의 집을 마련하겠다는 약속을 이행하지 못한 남편의 경우를 가정해 보자. 대부분의 남편들은 죄책감을 갖거나, 혹은 아내에게 비난의 화살을 쏘아댄다. 아내의 협조가 부족했다거나, 과소비를 했다는 식으로 말이다. 그리고는 술이나 다른 여자로 위안을 얻으려 한다.

아담 때로부터 지금까지, 하나님이 제정하신 결혼 관계 안에도 그릇된 혼의 묶임, 혹은 배우자를 학대함으로 조종하는 혼의 묶임이 있었다. 전형적인 예로 '캐스퍼 밀퀘토스트(Casper Milquetoast)' 유형이 있다. 아내의 지배하에 공처가로 살면서, 공상 세계로 도피하여 자신의 진정한 인격을 주장하지 못하는 사람들이 이 유형에 속한다. '이세벨' 유형에서는, 완고한 의지를 가진 여자가 남편의 인생을 제멋대로 통제하려 든다. 이와는 정반대인 '히맨(he-man)' 유형에 속한 남성들은 자신의 진정한 남성다움을 느끼기 위해 상대방에게 온전한 묵종과 복종을 요구한다.

■ **간음(adultery)은 하나님이 제정하신 언약에 기초한 혼의 묶임마저 파괴한다.**

불경건한 혼의 묶임은 결혼을 파탄으로 몰고 간다. 결혼을 깨뜨릴 수 있는 가장 보편적인 유형의 혼의 묶임은 결혼 밖에서 이루어지는 이성 관계로 인해 발생한다. 이러한 혼의 묶임은 육체적이고 성적인 연합(예, 고전 6:16)으로 인해 형성되기도 하고, 감정적인 혼의 묶임으로 인해 일어나기도 한다. 이때 감정적인 혼의 묶임 가운데 있는 사람들은, 어떤 식으로든 이미 의식적인 수준의 데이트, 혹은 성적인 뉘앙스를 지닌 만남을 시작했을 수도 있고, 아닐 수도 있다. 주로 단순한 우정으로 시작했다가 점점 관계가 진전되는 경우가 많다.

남성의 경우, 상대가 처음에는 일종의 공허감을 메워 주는 여자일 수 있다. 때로는 어머니 같은 존재나 친구로, 단짝으로, 직장 동료로 말이다. 혹은 건강한 결혼생활을 유지하는 데 쏟아야 할 노력과 책임을 회피할 수 있는 좋은 도피처가 되어 주는 여자일 수도 있다.

이러한 문제는 최근 몇 년간 전염병처럼 확산되는 이혼으로 인해 천문학적으로 증가하고 있다. 수많은 이혼 남녀들(특히 여성들)이 직장에서 일을 하게 되었다. 외로운 사람들은 자신의 외로움을 달래 줄 만한 누군가를 찾는다. 이런 사람들이 함께 모여 일하는 곳은 환경적으로 유혹에 빠질 가능성이 대단히 높다. 오늘날 어떤 대가를 치루더라도 남자를 만나고 싶어 하는 여자들이 수없이 많다. 이런 여자들로 인해 많은 남자들이 도덕적 기준에서 이탈하고 있다.

결혼 전부터 지속된 불경건한 혼의 묶임을 끊지 못하여 결혼이 파괴되는 경우도 있다. 젊은 남성이 아직도 '엄마의 치맛자락'에서 헤어 나오지 못하고 있다면, 그가 앞으로 건강하고 성공적인 결혼생활을 하리라고 보장하기 어렵다.

어떤 이들은 이런 종류의 압박을 극복해 내기도 한다. 아주 큰 도움이 될 수 있는 것을 과감히 단념함으로써 말이다. 상담을 받으러 나를 찾아온 여성들 중에는 남편이 아직도 어머니의 조언 없이는 아무런 결정도 내리지 못하는 것 같다고 말하는 사람들도 있었다. 몇몇 여성들은 시어머니가 남편에게 아내와 자식들보다 자신을 먼저 챙겨 달라고 요구하는 것에 대해, 또는 자기들 집도 다 망가져 가는데 시어머니의 집만 돌봐주기를 바란다고 불만을 털어 놓았다.

여전히 자기의 책임을 제대로 감당하지 못하는 미성숙한 남성이 있다. 만일 그가 결혼하고도 이제까지 가지고 있던 사악하고 미성숙한 단짝 친구들과의 혼의 묶임을 여전히 끊어 버리지 못한다면, 그 역시도 결혼생활에 실패할 가능성이 크다. 이들은 밤만 되면 친구들과 어울려 술집이나 스트립쇼, 유흥업소 등을 찾아가야 할 것 같은 충동을 느낀다. 자신과 아내에게 했던 수없는 다짐에도 불구하고, 왜 자신이 술이며 담배며 마약을 끊어 버리지 못하는지 전혀 이해하지 못한다.

어떤 청년이 나를 찾아왔다. 스물여덟 살쯤 되어 보이는 그는 성공적인 사업가였다. 그는 우리 기도실에서 성령 세례(침례)를 경험하고 구원 받았다. 얼마 후 그는 다시 우리를 찾아와서 도움을 요청했다. 그는 자신이 아직도 대마초를 끊지 못하고 있다는 사실을 자백했다. 또 마약을 복용한 적도 있다고 했다. 그는 결혼 생활을 위해 온전히 정결케 되고 싶었고, 떳떳하게 주님을 따르는 삶을 살고 싶었다.

그는 자신이 대마초를 끊지 못하는 이유가 부분적으로는 한 친구 때문이라고 했다. 그는 청년의 가장 친한 친구였고, 그도 사업상 매우 성공한 사람이었다. 그 친구는 지금도 대마초를 피우고 있었는데,

만날 때면 대마초를 권하기도 했다. 그들은 일주일에 적어도 하루는 만남을 가졌다. 이를 이겨 내기 위해 이 젊은이 부부는 함께 기도하고 있었다. 그러나 그는 친구들의 압력에 못 이겨 매번 실패를 되풀이했다. 이러한 모습을 성경에서는 다음과 같이 설명한다.

악한 동무들은 선한 행실을 더럽히나니 (고전 15:33)

두 사람의 결혼을 건강하게 묶어 주는 힘은 용서와 자비이다. 전도서 말씀을 기억하자. "한 사람이면 패하겠거니와 두 사람이면 맞설 수 있나니 세 겹 줄은 쉽게 끊어지지 아니하느니라"(전 4:12). 배우자와의 연합은 그리스도 안에서 믿음을 통해 견고해진다. 이런 가정은 어떤 폭풍이 몰아쳐도 결코 흔들리지 않는다.

■ 가족 간의 혼의 묶임 (예: 아버지와 아들)

유다는 야곱과 베냐민 사이에 존재하던 혼의 묶임에 대해 언급한다. 이때는 요셉이 아직 자신의 정체를 형들에게 드러내지 않은 시점이었다.

아버지의 생명과 아이의 생명이 서로 하나로 묶여 있거늘 이제 내가 주의 종 우리 아버지에게 돌아갈 때에 아이가 우리와 함께 가지 아니하면 (창 44:30)

유다는 아버지 야곱의 생명과 그의 아들 베냐민의 생명이 '서로 하나로 묶여' 있다고 말한다. 여기 사용된 원어는 '결합하다(cleave)'를 뜻하는 말과 매우 유사하다. 스트롱 성구사전에 따르면, '하나로 묶여 있다(bound up)'의 히브리어는 'קָשַׁר'(카샤르, 7194번)로, '사랑으로 묶다, 동맹 관계로 묶다,' '단단히 묶다, 굳게 결합하다, 강하게 결합하다' 등의 뜻을 가진다.

가정 안에서는 부모와 자식 간에, 형제와 형제 사이에, 형제와 자매 사이에 혼의 묶임이 존재한다. 가정 안에 존재하는 혼의 묶임은 하나님의 섭리에 따른 '선천적인' 것이다. 이에 대해 세상 사람들은 '피는 물보다 진하다'고 표현한다. 하나님은 세상에서 부모와 자녀의 관계를 통해, 하나님과 우리가 한 가족임을 보여 주시기 원하셨음이 분명하다. 우리는 하나님의 자녀들이요, 하나님의 양자들이다.

영접하는 자 곧 그 이름을 믿는 자들에게는 하나님의 자녀가 되는 권세를 주셨으니 (요 1:12)

자녀들에게서는 순종과 사랑이라는 특성이 동일하게 드러나야 하고, 부모는 지혜로운 훈육과 희생적인 사랑을 적절히 조화시킬 줄 알아야 한다.

아버지를 미워하는 아들, 어머니를 미워하는 딸이 있다. 이것은 불경건한 혼의 묶임이 보여 주는 증세들이다. 부모가 자녀들을 지나치게 통제 혹은 조종하거나, 적절한 훈육을 제공하지 못할 때 이런 현상들이 나타난다. 이런 식의 미움은 분명 왜곡되고 부자연스런 감정들이다. 자녀에게 부모의 권위로 적절하게 타이를 능력이나 그럴 의향이 없는 부모는 반항적이고 요구사항이 많은 자녀들을 마음대로 조종하고 통제하는 모습이 될 수밖에 없다.

자녀에 대한 부모의 태도에 우상숭배적인 혼의 묶임이 존재할 수 있다. 하나님은 아브라함이 그의 아들인 이삭의 문제를 처리할 수 있게 도와주셨다. 그것도 번제단(altar)을 통해서 말이다. 때로는 부모에 대한 자녀의 태도에도 우상숭배적인 혼의 묶임이 발생한다. 하나님은 부모에게 자녀를 사랑하라고 하셨다. 그러나 자녀를 우상화하는 것은 싫어하신다. 이는 정도(degree)와 우선순위에 관한 문제이다. 예수님은 우리의 마음과 삶에 제 1순위가 되기를 원하신다.

아버지나 어머니를 나보다 더 사랑하는 자는 내게 합당하지 아니하고 **아들이나 딸을 나보다 더 사랑하는 자**도 내게 합당하지 아니하며 (마 10:37)

■ 태아기의 취약성

태아가 부모로부터 두려움이나 중독, 저주의 귀신들(demons)을 물려받으면, 출생 후 불경건한 혼의 묶임에 대한 저항력이 매우 낮은 아이가 된다. 성경은 사람이 모태에 있는 동안에도 악한 영의 영향을 받는다고 분명히 언급한다.

악인은 **모태에서부터** 멀어졌음이여 나면서부터 곁길로 나아가 거짓을 말하는도다 (시 58:3)

신체적인 약점을 가진 아이들일수록, 부모가 지혜롭게 아이들의 독립성을 키워 주지 못하면, 권위적인 인물에게 쉽게 휘둘리는 사람이 될 가능성이 크다.

■ 출생 후의 취약성(훈육의 실패)

하나님은 엘리 제사장과 그의 집안을 심판하셨다. 이는 엘리가 부모의 권위를 가지고 아들들의 못된 짓을 적절하게 지도해 주지 못했기 때문이다.

내가 그의 집을 영원토록 심판하겠다고 그에게 말한 것은 그가 아는 죄악 때문이니 이는 **그가** 자기의 아들들이 저주를 자청하되 **금하지 아니하였음이니라** (삼상 3:13)

오늘날 많은 부모들이 엘리처럼 자녀들을 지나치게 관대하게 대하는 경향이 있다. 부모가 자녀들을 야단치지 못하는 이유는 다양하다. 자녀들의 사랑을 잃어버릴 것에 대한 두려움(특히 이혼한 부모의 경우), 자녀들이 난폭해지거나 제멋대로 행동할지도 모른다는 두려움, 혹은 다른 부모들이 그렇게 하니까 자기들도 그렇게 한다는 식의 세상적인 사고방식 등이다. 성경에 의하면, 훈육 실패에 대한 최종적인 결과는 하나님의 심판이다.

그가 또 **소년들을** 그들의 고관으로 삼으시며 **아이들이** 그들을 **다스리게 하시리니**…**내 백성을 학대하는 자**는 아이요 다스리는 자는 여자들이라 (사 3:4, 12)

부모가 아이의 조종에 그대로 굴복할 때, 부모와 아이는 속박 관계에 놓이게 된다. 어느 부모는 저녁에 외출하려고 하자, 아이가 발끈 화를 내며 제멋대로 굴었다고 한다. 그럼에도 불구하고 결국 부모가 외출을 감행하자, 아이는 비로소 자신의 행동이 무엇을 의미하였는지 깨닫게 되었다.

어머니와 자식 간에 존재하는 사악한 혼의 묶임으로 인해, 이미 성인이 된 남성이 성인들 간의 관계에서 하나님께 부여받은 지도력을 상실하는 경우가 대단히 많다. 탯줄처럼 연결된 어머니와의 혼의 묶임을 완전히 끊지 않으면, 그 아들은 어른이 된 후에도 마치 아이처럼 어머니와의 종속적인 관계에서 헤어나지 못하게 된다.

대학 시절의 한 친구가 생각난다. 그 친구의 어머니는 비가 올 것 같은 날 아침이면 늘 학교에 있는 아들에게 전화를 걸었다. 비옷과 레인부츠를 꼭 챙겨 가라는 말을 전해 주기 위해서였다. 그의 어머니는 이와 같은 부자연스런 통제를 통해 끊임없이 아들의 삶을 간섭하고 싶어 했다. 마침내 그 친구는 어머니의 통제를 피하여 먼 곳으로 이사를 가고 말았다.

이와는 반대의 경우도 있다. 자녀, 특히 딸이 아버지와 건강한 혼의 묶임을 형성하지 못하면, 인생에 중대한 영향을 미칠 수 있다. 그녀는 아버지로부터 받지 못한 사랑과 깊은 결속을 추구하면서 평생을 보낼지도 모른다. 내면의 공허가 그녀를 아버지와 닮은 남자를 찾아 나서게 내몬다. 알코올 중독자, 마약 중독자, 감정 표현을 할 줄 모르는 남자, 바람둥이, 일 중독자 등, 일단 아버지와 닮은 남자를 찾아내면, 자신의 공허를 그와의 결속을 통해 충족시키려 할지도 모른다. 그러나 불행하게도 그녀는 여전히 잘못된 곳만 찾아 헤매고 있을 뿐이다. 성인으로 그녀가 지금 찾아낸 것들은 사실상 인생 초기에 이미 충분히 형성되어야 했던 아버지와의 혼의 묶임의 대용품에 불과하다.

그러나 여기 기쁜 소식이 있다. 주님은 부모로부터 버림받고 사랑받지 못한 사람들을 위해 3중적인 해결책을 제시해 주신다.

많은 친구를 얻는 자는 해를 당하게 되거니와 어떤 친구는 형제보다 친밀하니라 (잠 18:24)

내가 결코 너희를 버리지 아니하고 너희를 **떠나지 아니하리라** 하셨느니라 (히 13:5)

내 부모는 나를 버렸으나 **여호와는 나를 영접하시리이다** (시 27:10)

내가 이 주제에 관해 처음으로 가르치기 시작했을 때, 한 여성이 우연히 밤 집회에 참석했다. 기도시간이 되었을 때, 그녀는 그 모임이 마치 자신을 위해 마련된 것처럼 느껴졌다고 이야기했다. 그녀에게는 신체적인 발작 증세가 있었기 때문에, 집회에 참석하는 내내 화장실에 가 있어야 했다. 그런데도 그녀는 이렇게 말했다. "저는 이 메시지가 다름 아닌 바로 저에게 해당된다는 사실을 알고 있었습니다."

그녀의 어머니는 시설 좋은 요양원에 갈 수 있을 만큼 충분한 돈을 가지고 있었다. 그런데도 딸의 의지나 바람과는 상관없이, 딸의 집에 와서 살겠다고 압력을 가해 오고 있었다. 이 일로 인해 딸은 스트레스를 받아 몸에 질병까지 얻게 되었다. 이 어머니가 딸을 조종하기 위해 사용한 말들은 다음과 같이 평범한 것들이었다.

"나의 유일한 자녀는 너뿐이잖니."(도리)

"나를 돌보는 건 네 책임이다!"(의무, 강제적인 책임감)

"내가 널 위해 해 준 일들을 한 번 생각해 보렴."(더 큰 의무, 도리)

"날 정말 사랑한다면 네가 그렇게 해 줘야지."(사랑을 무기로 강요함)

"사람들이 뭐라고 생각하겠니?"(여론을 통한 압박)

"내가 얼마나 더 살 수 있을지 모르겠다."(일반적인 조종의 수법)

"내 유언장에서 너를 제외시킬 수도 있어!"(어머니는 재정적인 압박을 가함으로써 딸을 위협하고 있다. 재정을 통한 조종)

'어머니를 공경하지 않는' 딸이라는 사회적 통념도 그녀를 괴롭혔다. 부모들도 실수하고 자녀들에게 상처를 입히는 경우가 많다. 학대, 알코올 중독, 잔인함, 폭력, 비인간적인 행위 등으로 자녀들을 괴롭힐 수 있다. 이런 부모를 둔 자녀들은 자신들이 성경의 가르침대로 부모님을 사랑하지 못하는 것에 대해 고민하며 죄책감을 갖는다. 그러나 이러한 죄책감과 비난은 불경건한 혼의 묶임을 강화시킬 따름이다.

II. 동료 인간과의 연합, 동료 신자와의 연합

신자들 간에 이루어져야 할 유익한(good) 혼의 묶임의 가장 좋은 예로 성경은 요나단과 다윗의 관계를 제시한다.

요나단의 **마음**이 다윗의 **마음과 하나가 되어** 요나단이 그를 **자기 생명같이 사랑하니라** [the soul of Jonathan was knit with the soul of David, and Jonathan loved him as his own soul.]
(삼상 18:1)

스트롱 성구사전을 살펴보면, '하나가 되어(knit)'에 해당하는 히브리어는 'קָשַׁר'(카샤르, 7194번)이다. 이에 관해서는 앞서 '가족 간의 혼의 묶임'에서 이미 언급한 바 있다. 요나단과 다윗은 실제로 언약관계를 맺었다. 이들이 맺은 언약의 결과는 무엇이었는가. 요나단은 사울 왕의 광포함으로부터 다윗을 보호해 주려고 애썼고, 다윗은 훗날 요나단의 아들 중 마지막으로 생존해 있던 므비보셋을 잘 돌보아 주었다.

이는 그들로 마음에 위안을 받고 **사랑 안에서 연합하여** [being knit together in love] 확실한 이해의 모든 풍성함과 하나님의 비밀인 그리스도를 깨닫게 하려 함이니 그 안에는 지혜와 지식의 모든 보화가 감추어져 있느니라 … 머리를 붙들지 아니하는지라 온몸이 머리로 말미암아 마디와 힘줄로 공급함을 받고 **연합하여** [knit together] 하나님이 자라게 하시므로 자라느니라 (골 2:2-3, 19)

위 두 구절에 나타난 '연합하다(being knit together)' 에 해당하는 헬라어는 'συμβιβάζω' (숨빕아조, 4822번)로, '강요하다', '함께 내몰다' 의 뜻이다. 다시 말해, '조직 안에서 연합하다, 사랑으로 연합하다', '(정신적으로) 추론하다', '보이다', '가르치다', '계약을 맺다, 그러모으다, 지시하다, 한데 연합하다, 입증하다' 의 의미이다.

이와 같이 그리스도의 몸은 하나님의 뜻에 맞는 연합 혹은 경건한(godly) 혼의 묶임을 통해, 생명을 주고받는 견고한 연합을 이루어야 한다. 주님은 신자들로 이루어진 몸을 사람의 몸에 비유하셨다. 몸의 모든 지체는 반드시 온전히 연합되어 상호의존적인 관계에 있어야 한다. 이 진리는 구약성경에서도 찾아볼 수 있다. 첩을 욕보이고 죽인 사건이 발생한 후, 이스라엘 백성들은 다음과 같은 모습을 보여 주었다.

이와 같이 이스라엘 모든 사람이 **하나같이 합심하여** 그 성읍을 치려고 모였더라 [So all the men of Israel were gathered against the city, **knit together** as one man.] (삿 20:11)

여기서 '합심하여(knit together)'에 해당하는 히브리어는 'חָבַר'(카바르)로, '한패, 동료, 친구, 함께 연합하다'의 뜻을 가진다. 이스라엘 백성들은 하나의 목적을 위해 연합했다(신약의 용법으로는 '뜻을 합하여'가 있다). 건강한 결혼 관계를 통한 혼의 묶임이 엄청난 힘을 가지는 것과 마찬가지로, 상호간의 건강한 우정 관계도 매우 큰 힘을 갖는다. 두 사람이 마음을 함께하면 교회를 이룰 수 있다!

두세 사람이 내 이름으로 모인 곳에는 나도 그들 중에 있느니라
(마 18:20)

경건한 우정 안에서의 혼의 묶임과는 정반대로, 사탄에게 기원을 둔 모조품들도 존재한다. 애인 혹은 친구라는 명목으로 끊임없이 상대방에게 자신의 필요를 채워 달라고 요구하거나, 자신을 치켜세우려고 친구를 희생하거나, 우정을 남용하여 배신을 일삼거나 하는 일 따위가 여기에 해당한다. 우정에 기초한 혼의 묶임을 통해 배신과 학대를 경험할 때, 혼이 '상하여' 결국 우정을 통한 경건한 유익들마저 파괴된다. 다윗도 이러한 일을 경험하였다.

불의한 증인들이 일어나서 내가 알지 못하는 일로 내게 질문하며 내게 선을 악으로 갚아 **나의 영혼을 외롭게 하나** … 내가 **나의 친구와 형제에게 행함같이** 그들에게 행하였으며 내가 몸을 굽히고 슬퍼하기를 어머니를 곡함같이 하였도다 [**False witnesses** did rise up they laid to my charge things that I knew not. They rewarded me evil for good to the **spoiling of my soul.** I behaved myself **as though he had been my friend or brother:**] (시 35:11-14)

그들의 관계 가운데 벽이 있었다. 분열과 방해물이 그들의 관계를 가로막고 있었다. 다윗의 혼은 '상했고(spoiled)', 사람들의 잔인하고 무자비한 행위로 상처받았다.

분명 다윗에게는 허물이 없었다. 죄가 없었는데도 다윗의 혼은 상처를 입었다. 믿었던 사람으로부터 성폭행이나 성희롱 혹은 아동 학대를 당한 희생자들에게도 이와 동일한 원리가 그대로 적용될 수 있다. 이들 희생자들 역시 아무런 죄가 없다. 그럼에도 불구하고 그들의 혼은 상처를 입었으며, 심한 죄책감에 사로잡혀 살아가는 경우가 매우 많다. 이들에게 필요한 것은 애정 어린 사역이다. 맹렬한 화살과 같은 비난의 말을 제거하고, 상처가 치유되도록 도와주어야 한다. 친구라고 생각했던 사람으로부터 배신 당한 경우, 상처는 훨씬 심각하다.

내가 신뢰하여 내 떡을 나눠 크먹던 나의 가까운 친구도 나를 대적하

여 그의 발꿈치를 들었나이다 (시 41:9)

주님은 우리에게 믿지 않는 자와 멍에를 함께 메지 말며, 사탄의 어떤 세력과도 동조하지 말라고 말씀하셨다.

너희는 믿지 않는 자와 멍에를 함께 메지 말라 의와 불법이 어찌 함께하며 빛과 어둠이 어찌 사귀며 (고후 6:14)

위 구절에서 '의(righteousness)'에 해당하는 헬라어는 'ἑτεροζυγέω'(헤테로주게오, 2086번)로, '각각 다르게 멍에를 메다'의 뜻이다. 비유적으로는 '불협화음을 내며 결합하다, 멍에를 비대칭적으로 함께 메다'의 뜻이 있다.

네가 옛적부터 네 멍에를 꺾고 네 결박을 끊으며 말하기를 **나는 순종하지 아니하리라** 하고 모든 높은 산 위에서와 모든 푸른 나무 아래에서 너는 **몸을 굽혀 행음하도다** (렘 2:20)

하나님께 충성을 약속한 이들 가운데 결국 신실하지 못한 자로 드러난 자들이 많다. 성경은 단순히 사탄의 하수인으로 행동한 사람들에 의해 속박을 당한 사람의 예를 보여 준다.

이는 가만히 들어온 **거짓 형제들** 때문이라 그들이 가만히 들어온 것은 그리스도 예수 안에서 우리가 가진 자유를 엿보고 우리를 **종으로**

삼고자 함이로되 (갈 2:4)

이들은 마치 크리스쳔 형제요 지도자인 것처럼 가장하였다. 그러나 이들의 목적은 하나님의 백성들을 자유롭게 하는 것이 아니라 오히려 속박하려는 데 있었다. 이들은 자신들의 뜻을 공동체에 강요함으로써 결국 거짓 교리에 굴복하게 하려 했다. 성경이 제시하는 치유법과 해답은 다음과 같다. 진리(Truth)로 그들에게 대항하라!

모든 혼의 묶임과 귀신이 개입된 골치 아픈 문제들의 뿌리에는 결국 거짓의 아비 혹은 그의 하수인이 뿌려 놓은 비진리 혹은 거짓이 있다. 위의 경우에는 가짜 형제들 혹은 거짓을 말하는 형제들이 이런 일을 행했다. 우리는 무엇보다도 '하나님에 관한 거짓을 믿게 하는' 귀신의 견고한 진(stronghold)을 피해야 한다.

신자들은 다른 신자들에게 신뢰의 마음을 열 때, 매우 신중해야 한다. 상대방에게 강압적으로 자신들의 방식을 강요하는 사람들이나 미신이나 대중적인 압박, 사람의 생각 등 인간의 전통을 따라야 한다고 강하게 주장하는 사람들의 경우에는 특히 더 조심해야 한다.

이제는 너희가 하나님을 알 뿐 아니라 하나님이 아신 바 되었거늘 어찌하여 다시 약하고 **천박한** 초등학문으로 돌아가서 다시 그들에게 **종노릇** 하려 하느냐 너희가 날과 달과 절기와 해를 삼가 지키니 (갈 4:9-10)

모든 것 위에 믿음의 방패를 가지고 이로써 능히 **악한 자**의 모든 불

화살을 소멸하고 (엡 6:16)

■ 사람과 권위적 인물 (지도자, 목회자)

유다 사람들은 그들의 **왕과 합하여** 요단에서 예루살렘까지 따르니라 (삼하 20:2)

성경은 존경과 순종으로 하나님이 세우신 권위와 경건한(godly) 관계를 이루라고 말씀하신다.

인간의 모든 제도를 주를 위하여 순종하되 혹은 위에 있는 왕이나 혹은 그가 악행하는 자를 징벌하고 선행하는 자를 포상하기 위하여 보낸 총독에게 하라 곧 선행으로 어리석은 사람들의 무식한 말을 막으시는 것이라 (벧전 2:13-15)

예수님은 교회에 성도들의 믿음과 성숙을 세워 나갈 사명을 맡기셨다.

그러므로 이르기를 그가 위로 올라가실 때에 사로잡혔던 자들을 사로잡으시고 사람들에게 선물을 주셨다 하였도다 … 그가 어떤 사람은 사도로, 어떤 사람은 선지자로, 어떤 사람은 복음 전하는 자로, 어떤 사람은 목사와 교사로 삼으셨으니 이는 성도를 온전하게 하여 봉사의 일을 하게 하며 그리스도의 몸을 세우려 하심이라 우리가 다 하나님의 아들을 믿는 것과 아는 일에 하나가 되어 온전한 사람을 이루어 그리스도의 장성한 분량이 충만한 데까지 이르리니 (엡 4:8, 11-13)

오늘날 많은 사람들이 교회나 정부에 불신을 품고 있다. 불신은 지도자와의 혼의 묶임이 끊어졌다는 증거이다. 교회나 정부의 지도자들도 한때는 신뢰를 받았다. 그때 사람들은 정신적으로나마 그들에게 복종하였다. 그러나 지도자들의 배신 행위에 사람들이 상처를 받은 것이다.

목회자의 경우도 마찬가지이다. 효과적인 사역은 오직 사랑과 신뢰의 관계가 확보되었을 때에 비로소 가능하다. 환자가 의사를 신뢰하고 의뢰인이 변호사를 신뢰하듯이, 성도와 목회자 간에도 신뢰 관계가 이루어져야 한다. 목회자는 양 무리를 돌보시던 그리스도와 동일한 사랑의 마음을 가지고, 자기에게 맡겨진 성도들의 권리와 행복을 도모해야 한다. 사랑은 언제나 상호적인 흐름을 가진다! 혼의 묶임도 마찬가지이다. **모든 혼의 묶임에는 흐름이 있다!**

우리는 구약성경에서 하나님의 백성과 그들의 지도자 혹은 권위적 인물 사이에 존재하던 혼의 묶임의 예를 찾아볼 수 있다. 여호수아와 모세, 엘리사와 엘리야의 관계가 이에 해당한다. 신약성경에서는 명확하게 제자들과 예수님과의 관계, 디모데와 바울의 관계를 예로 들 수 있다.

경건하게 세워진 권위를 대적한 결과로 나타나는 것은 언제나 폭동과 혼란이다. 반대로, 경건하지 않은 권위는 언제나 경건치 못한 결과를 초래한다. 머리가 병들면 몸도 병든다!

균형을 잃은 혼의 묶임에 바탕을 둔 헌신이 자기 파멸로 치닫는 경우도 있다. 이런 일이 실제로 제2차 세계대전 당시 일어났다. 히틀러와 토오죠오(東條英機)를 추종하며 충성을 맹세한 사람 중에는 심지어 자살까지 감행한 전사도 있었다. 일본의 카미가제 조종사들의 경우가 여기에 해당한다. 혼의 묶임과 그로 인한 헌신이 그들의 목숨과 혼마저 앗아간 것이다.

이에 온 이스라엘 사람들이 다윗 따르기를 그치고 올라가 **비그리의 아들 세바를 따르나** (삼하 20:2)

위의 구절은 지도자와의 불경건한 속박(clave: 'הָבַק' 다바크, 1692번)의 예를 보여 준다. 이스라엘 백성들은 하나님의 뜻에 반하는 지도자를 따름으로써, 하나님이 기름 부어 세우신 왕을 대적하였다. 그 결과 하나님의 가장 선하신 뜻이 성취되지 못하였고, 이스라엘 백성들은 하나님의 원수가 되고 말았다.

■ 권위자의 행동이 아랫사람들에게 미치는 영향

아하수에로 왕이 하만에 의해 좌지우지되는 동안, 그 영적인 파장이 나라에 속한 온 백성들에게 퍼져 나갔다. 지도자가 악에 관여하고 있으면, 혼돈의 영이 그의 지도권 하에 있는 사람들에게 풀려 나간다. 이로 인해 아랫사람들은 자신들이 무엇을 해야 하며 어떻게 생각해야 할지 분간조차 못하게 된다. 그들은 지금 지도자의 머릿속 (mind)에서 무슨 일이 일어나고 있는지는 전혀 모른다. 그럼에도 불구하고 그 영향력은 피할 수 없다.

역졸이 왕의 명령을 받들어 급히 나가매 그 조서가 도성 수산에도 반포되니 왕은 하만과 함께 앉아 마시되 **수산 성은 어지럽더라** (에 3:15)

반면에 왕이 회개하거나, 혹은 권위자가 생각을 올바르게 고쳐먹거나, 혹은 하나님의 뜻에 따라 살기 시작하면, 밑에 있는 사람들은 기운을 얻고 기뻐한다.

모르드개가 푸르고 흰 조복을 입고 큰 금관을 쓰고 자색 가는 베 겉옷을 입고 왕 앞에서 나오니 **수산 성이 즐거이 부르며 기뻐하고** (에 8:15-16)

경건한 한 사람이 높임을 받고, 왕이 하나님의 뜻에 순종하였을 때, 온 백성이 **즐거워하고 기뻐하였다**. 그들 가운데 더 이상 어지러움이나 혼돈은 찾아볼 수 없게 되었다. 수산 성 전체가 복을 받아 기뻐하고 즐거워하였다. 기쁨과 관련된 표현이 두 번에 걸쳐 나타나고 있음에 주목하라. 동시에, 같은 성안에 거하던 하나님의 백성들은 훨씬 큰 네 배의 복을 받았다. 유대인들은 영광과 즐거움과 기쁨과 존귀함을 얻게 되었다.

이런 차이는 과연 어디에서 말미암은 것일까. 처음의 경우, 영적인 권위자는 악의 지배를 받으며 악에 동조하고 있었다. 나중에 왕은 하나님의 뜻을 따르기로 마음을 돌이켰고, 그 결과 온 나라가 하나님의 축복을 누리게 되었다.

너희를 인도하는 자들에게 순종하고 복종하라 그들은 **너희 영혼을 위하여 경성하기를** 자신들이 청산할 자인 것같이 하느니라
(히 13:17)

■ 목회자의 도덕률이 회중에게 미치는 영향 및 제한점

최근 한 남성과 대화를 나누게 되었다. 그는 자기의 친척에 관해 다음과 같이 이야기했다. "저는 그녀가 세상에서 제일 훌륭한 사람이라고 생각해요. 그런데 이혼한 후로는 데이트하는 남자들과 줄곧 잠자리를 같이하며 지내고 있답니다. 제일 걱정스러운 것은, 어머니의 모습이 딸들에게 하나의 본보기가 되고 있다는 사실이지요."

내가 한 마디 덧붙였다. "맞습니다. 자녀들이 어머니가 세워 놓은 윤리적 기준보다 더 나은 삶을 살 수 있으리란 보장은 거의 하기 어렵습니다."

바로 다음 순간 나는 현재의 논의와 맥락을 같이하는 한 가지 생

각에 사로잡혔다. 목회자의 영적인 자녀들, 다시 말해 그가 돌보는 회중들도 목회자의 도덕 기준을 결코 능가할 수 없다!

영적인 권위를 가진 사람이 성경의 진리를 이탈하면, 그를 따르는 회중들도 그와 동일한 유형의 죄를 범하도록 문을 열어 놓는 것과 마찬가지이다. 만약 영적인 지도자가 어느 특정한 영역에서 죄를 지으면, 그를 따르는 자들 역시 지도자와 동일한 죄 혹은 약점에 쉽게 빠져들게 된다. 이러한 현상은 목회자와 성도 간에 형성되어 있을 혼의 묶임, 혹은 일종의 우상숭배로 인한 것이다.

행동은 말보다 더 강력한 메시지이다. 목회자의 경우에는 특히 더 그러하다. 세상은 우리가 무슨 신학을 말하는지에 대해서는 별로 관심이 없다. 그들은 우리의 행실을 보고 싶어 한다!

목회자가 결혼 서약을 깨뜨리고 이혼했다고 가정해 보자. 이제 그가 돌보는 회중 안에는 이혼의 돌풍이 몰아치게 된다. 결혼에 대한 불신이 온 회중에게 번져 가고, 이혼의 영이 그들을 장악한다. 최소한 이 목회자는 몸소 행위를 통해 회중들에게 다음과 같은 사실을 가르친 셈이다. '결혼에 관한 하나님의 명령은 시대에 뒤떨어진 것이다. 과거에는 중요하게 여겨졌을지 모르나 현대에는 그렇게 중요한 것이 아니다.' 결국 그 목회자를 따르는 양 무리들은 목자가 지은 죄와 동일한 죄에 쉽게 걸려들게 된다.

나는 이혼이 용서받지 못할 죄(unpardonable sin)라고는 생각하지 않는다. 그러나 이혼은 많은 경우에 고백하지 않은 죄(unconfessed sin)이다. 여기에는 이유가 있다. 대부분의 여성들은 자신이 남편을 선택한 것이 실수였다는 사실을 선뜻 인정하려 들지 않는다. 혹시라도 무섭고 밉기만 한 전 남편에게 다시 돌아가라는 말을 듣게 될까, 또 자기 죄를 인정함으로 괜히 비난을 자초하는 것은 아닐까 하는 염려 때문이다. 하나님은 이혼을 싫어하신다. 다른 죄와 마찬가지로 이혼도 고백해야 할 죄이다.

목회자가 그릇된 태도나 거짓 신념, 순수하지 못한 확신이나 왜곡된 교리를 견지하고 있으면, 잘못된 영들이 온 회중에게 확산될 수 있다. 에스겔서는 거짓 목자와의 속박이 얼마나 위험한 것인가를 잘 보여 준다.

인자야 너는 이스라엘 목자들에게 예언하라 그들 곧 목자들에게 예언하여 이르기를 주 여호와께서 이같이 말씀하시되 자기만 먹는 이스라엘 목자들은 화 있을진저 목자들이 양 떼를 먹이는 것이 마땅하지 아니하냐 너희가 살진 양을 잡아 그 기름을 먹으며 그 털을 입되 양 떼는 먹이지 아니하는도다 너희가 그 연약한 자를 강하게 아니하며 병든 자를 고치지 아니하며 상한 자를 싸매 주지 아니하며 쫓기는 자를 돌아오게 하지 아니하며 잃어버린 자를 찾지 아니하고 다만 포악으로 그것들을 다스렸도다 (겔 34:2-4)

오늘날 많은 교회가 하나님의 말씀을 제대로 선포하지 않고 있다. 이는 목회자 속에 소심함, 거절에 대한 두려움, 실패에 대한 두려움, 위신을 잃을지도 모른다는 염려, 교인수가 줄어들 것에 대한 두려움이 있기 때문이다.

■ 목회자의 믿음이 회중의 믿음을 제한한다.

한 가지 놀라운 사실이 있다. 회중의 믿음은 그들을 돌보는 영적인 권위자의 믿음을 결코 능가하지 못한다. 바울이 '마음을 같이하여(like-minded)' 교제하라고 권면한 것도 바로 이런 이유에서이다. 당신이 출석하는 교회가 치유나 축사를 믿지 않는다고 해 보자. 당신이 아무리 치유와 축사에 관한 완벽한 지식을 갖추고 있어도, 실제로 당신은 치유와 축사를 통해 유익을 얻을 만한 믿음을 사용할 수 없다.

몇 년 전의 일이다. 우리 모임에 탈장 증세를 가진 남성 세 사람이 있었다. 이들은 모두 하나님이 그들의 탈장을 치유해 주실 것이라고 굳게 믿고 있었다. 이들의 믿음이 고조되기까지, 무신론자였다가 치유를 경험한 어느 한 사람의 간증도 한몫을 담당했다.

약 25년쯤 전에 나는 잭이라는 남성에게 사역한 일이 있었다. 그는 이중탈장(double hernia) 수술을 앞두고 있었다. 수술 받기 바로 전 주에 잭은 친구들의 강권으로 내가 신유기도를 해 주고 있는 집회에 참석하게 되었다. 잭도 탈장 때문에 기도를 받으려고 앞으로 걸어나왔는데, 그는 나중에 다음과 같이 말했다. "그 당시 저는 무슨 일이 일어날 것이라고는 조금도 기대하지 않았어요. 그냥 한번 나가 본 것뿐이었어요." 기도를 받은 후 통증이 온데간데없이 사라져 버리자, 잭은 깜짝 놀랐다. 다음 날 검진을 받으러 갔는데, 의사는 다음과 같이 말했다. "탈장 증세가 사라졌습니다!"

잭은 믿을 수가 없었다. 그는 또 다른 의사를 찾아가서 세밀하게 검사를 받아보았다. 결과는 동일했다. 그에게는 탈장 증세가 없었다. 그 다음 주에 잭은 내가 설교하고 있는 집회에 참석하여 다음과 같이 간증했다. "지난주 제가 여기에 왔을 때 저는 무신론자였습니다. 물론 지금도 의심이 많기는 마찬가지입니다. 그런데 기도를 받은 후 저에게 있던 탈장 증세가 사라졌습니다. 서로 다른 두 명의 의사가 똑같은 진단을 내렸습니다."

우리 모임에 참석했던 세 남성이 주일마다 어떤 은사주의적인 교회에 출석하게 되었다. 그 교회의 목회자도 탈장 증세가 있었고 그 때문에 수술까지 받았다. 그 후 6개월이 채 지나지 않아 이들 세 명의 남성도 모두 탈장 수술을 받았다. 이들이 죄를 지었기 때문에 그렇게 된 것이 아니었다. 다만 이들 역시 그들이 섬기는 영적 권위자의 믿음을 능가하는 수준의 믿음을 발휘하지 못하게 된 것뿐이다.

이보다 훨씬 더 심각한 유형의 문제들도 발생한다. 여기서는 그냥 어떤 교회라고만 밝혀 두겠다. 그 교회는 이전까지만 해도 은사주의적인 교회였다. 그런데 목회자가 바뀌면서 신학에 있어서 사실상 반 은사주의적인 교회로 변해 버렸다. 목사님이 암으로 돌아가신 후, 그 교회 안에는 온갖 종류의 암이 전염병처럼 유행하였다. 새로 부임한 목사님이 자살한 후로는, 수많은 성도들이 우울증과 자살 충동에 시달렸다.

■ 인간과 동료시민

특정 지역에 거주하는 사람들 사이에 긍정적인 묶임이 발생할 수 있다. 공동체에 대한 위협에 대항하여 함께 연합하는 경우가 이에 해당한다. 제2차 세계대전 당시, 연합국에 속한 국민들은 파시즘에 맞서 승리하기 위해 어떠한 희생도 불사하고 하나가 되어 서로를 도왔다. 이처럼 공동체 조직은 마약이나 범죄, 각종 형태의 불법 등, 사회에 만연한 온갖 종류의 악에 맞서기 위해 사람들(souls)을 하나로 묶는 경우도 있다.

그러나 조직이 완전히 끔찍한 방향으로 흐르는 경우도 있다. 조직 폭력단이나 자경단(vigilantes) 혹은 폭도들과 같이, 하나님이 제정하신 사회법을 깨는 사람들을 예로 들 수 있다. 혼(souls)이 하나 되면 어마어마한 잠재적 에너지를 갖게 된다. 그것은 한 사회를 살릴 수도 있고, 죽음으로 몰아갈 수도 있다.

■ 불경건한 혼의 묶임

일반적으로 사교 집단 안에는 혼의 묶임이 존재한다. 사교 조직에 속한 사람들의 결속은 마인드 컨트롤을 통해 이루어지며, 주로 교주나 신념, 교리에 대한 상호 충성의 모습으로 나타난다. 백인 우월주의나 사탄 숭배를 예로 들 수 있다.

경건한 혼의 묶임과는 반대로, 어떤 혼의 묶임은 불경건하고 부자연스럽고 사악하다. 정말 안타까운 사실이다. 부정적인(negative) 혼의 묶임은 지각하기도 어려울 정도로 미묘할 뿐 아니라, 마치 암처럼 눈에 띄지 않게 천천히 자라난다. 우리가 거울을 보지 않으면 얼굴에 묻은 얼룩을 볼 수 없다. 하나님의 말씀은 자유를 위한 완전한 법이다. 우리는 성경을 통해 결점을 발견하고 이를 바로잡을 수 있다.

사탄은 언제나 사람의 혼을 유인하기 위해 온갖 방법을 다 동원해 왔다. 적그리스도의 영, 자기중심적인 개인, 사교 및 신비력 등은 사탄이 사용하는 수단들이다. 사람은 문자 그대로 자기의 혼을 팔 수 있다. 사탄의 종교나 사탄의 대리인에게 의식적으로 충성을 맹세함으로써 말이다.

사탄의 존재와 능력을 완전히 믿지 않는다고 해서, 마귀(devil)와의 혼의 묶임을 피할 수 있는 것은 결코 아니다. 이미 불경건한 영이 역사하고 있기 때문이다. 헌신에 있어 중간지대란 없다. 인간이란 원래 보이지 않는 영적인 존재와의 관계 가운데 지음 받았다. 그러므로 인간은 자신의 혼을 그리스도와 연합하기로 의식적인 결단을 내려야만 한다. 그리스도와의 연합이야말로 궁극적으로 최고로 유익한 혼의 묶임이자, 모든 면에서 가장 숭고한 혼의 묶임이다.

■ 주술(witchcraft)

사악한(evil) 혼의 묶임은 사실상 주술의 일종이다. 주술은 영적인 것이다. 주술이란 다른 사람에 대한 조종(manipulate)이자, 통제(control)요, 지배력(domination)이다. 예를 들어 내가 당신에게 주술을 걸었다고 하자. 이것은 성령께 속하지 않은 힘을 사용하여 당신을 내 뜻(will)에 따르게 만들려는 시도이다. 이때 사용되는 힘은 가장 좋은 의미로 일종의 심리적 힘 혹은 혼적 힘이고, 가장 나쁜 의미 혹은 진정한 의미로는 사탄 혹은 귀신의 힘이다. 사탄은 사람을 노예로 만든다. 사탄은 사람들이 사로잡힌 채 괴로워하고 무력해하며 절망스러워하는 것을 제일 좋아한다. 한 사람이 다른 사람에 대해 지배권을 행사하려고 하는 것은 미묘한 형태의 주술이요 통제이다.

■ 의식적으로 행해지는 주술(Conscious Witchcraft)

주술이 공공연하게 행해지는 경우, 우리는 현재 무슨 일이 일어나고 있으며, 그 힘의 원천이 하나님이 아니라 신비술사라는 사실을 잘 알 수 있다. 주술을 행하는 사람은 주술사 자신일 수도 있고, 실제로 주술을 행하는 사람의 도움을 받아서 상대방에게 주문을 걸거나 저주를 가하는 경우도 있다.

주문을 욀 때 주술사는 개인적인 물건들을 사용하기도 한다. 머리카락이나 옷가지 등 주문에 효력을 줄 만한 품목들이 동원된다. 주문의 효과는 매우 다양하다. 불면증에 시달리게 하기, 고통스럽게 하기, 재정적으로 실패하게 하기(일자리 상실 등), 친구를 사귀지 못하게 만들기, 오랜 친구관계를 이간질시키기, 떠나온 사람(들)에게 돌아가지 않으면 불안하게 하기 등등. 주문에 사용되는 표현으로 다음과 같은 것이 있다. "조를 나에게 돌아오게 하라. 조가 다른 사람과 함께 있는 동안 조금도 행복하지 못하게 하라! 되돌아올 때까지 그 어떤 것에도 만족을 누리지 못하게 하라. 조가 돌아오게 하라! 그가 나와 결혼해 주기 전까지는 골칫거리를 앓게 하라!"

주술의 가장 일반적인 특징 중 하나는 남성들의 무력화이다. 본래 주술은 모계사회에 바탕을 두고 있다. 아내들이 남편들 위에 군림하려는 것이다. 남자의 역할은 박탈당하거나 혹은 포기해야 한다. 이는 결국 남성의 거세로 귀결된다.

■ 무의식적으로 행해지는 주술(Unconscious Witchcraft)

기도 가운데 조금만 빗나가도 주술을 행하는 기도로 변질될 수 있다. 당사자는 지금 자신이 무의식적으로 주술을 쓰고 있다는 사실을 전혀 모른다. 자신이 현재 사탄의 힘을 사용하고 있다는 것도 깨닫지 못한다. 사탄이나 주술을 믿지 않는다는 것은 변명의 이유가 되지 못한다. '선의의 주술(white witchcraft)'이란 존재하지 않는다. 주술은 어디까지 주술일 뿐이다. 누군가에 대한 복수나 통제를 위해 드리는 기도는 상대방에게 괴로움을 줄 수 있다. 만일 그 두 사람이 혼적으로 묶여 있는 상태라면, 한쪽이 무의식적으로 행하고 있는 조종과 주술로 인해 다른 한쪽은 지속적인 압박감으로 고통을 겪게 된다.

모든 기도는 응답된다. 중요한 것은 누가 응답하느냐이다. 하나님은 복수와 조종을 위한 기도는 받지 않으신다. 그러나 우리가 확신하건데 사탄은 그런 기도를 듣는다. 잘못된 영으로 기도하는 신자는 아주 교묘한 형태의 억압으로 기도 대상자를 괴롭힐 수 있다. 우리가 드리는 기도가 하나님의 뜻(will)에 맞는지 늘 점검하는 것이 얼마나 중요한 일인지 모른다. 물론 주님은 우리의 모든 불만을 주님 앞에 토설하라고 분명히 말씀하셨다. 그러나 우리는 용서치 못함, 분노, 쓴 뿌리를 반드시 떨쳐 버려야 한다. 다음은 우리에게 상처를 준 사람에 대한 기도의 좋은 예이다.

"주 예수님! 제가 그들의 잘못을 용서합니다. 그들을 주님께로 더 가까이 이끌어 주시옵소서. 만일 그들이 성령님의 인도를 거절한다면, 자신들의 생각이 얼마나 잘못되었는지 실제로 경험하여 깨닫게 해 주시옵소서. 그리하여 다시 주님께 회개하며 돌아오게 하옵소서. 아멘."

제자가 그 선생보다, 또는 종이 그 상전보다 높지 못하나니 (마 10:24)

이 세대를 무엇으로 비유할까 비유하건대 아이들이 장터에 앉아 제

동무를 불러 이르되 우리가 너희를 향하여 피리를 불어도 너희가 춤추지 않고 우리가 슬피 울어도 너희가 가슴을 치지 아니하였다 함과 같도다 요한이 와서 먹지도 않고 마시지도 아니하매 그들이 말하기를 귀신이 들렸다 하더니 인자는 와서 먹고 마시매 말하기를 보라 먹기를 탐하고 포도주를 즐기는 사람이요 세리와 죄인의 친구로다 하니 지혜는 그 행한 일로 인하여 옳다 함을 얻느니라 (마 11:16-19)

이 말씀에서 우리가 고려해야 할 사항은 금식하느냐 먹느냐, 애곡하느냐 춤을 추느냐가 아니다. 중요한 것은 지도자의 명령을 얼마나 잘 따르고 있느냐이다. 문제는 사실상 통제(control)였다.

우리와 가장 가까운 사람이 우리에게 가장 많은 상처를 준다. 전혀 낯선 사람에게 교묘하게 휘둘리는 경우는 거의 없다. 혼의 묶임에 관한 진리를 알 때, 우리는 이러한 속박에서 벗어날 수 있다. 미리 경계하고 대비하여, 계획적으로 그것들에 대항할 수 있다.

주술은 다음 두 가지 중 하나의 방법으로 기능한다. 첫째, 의지를 복종시키려고 강압적으로 요구하거나 공격성을 사용하는 방법이다. 둘째, 연약함과 필요를 지속적으로 표명함으로써 죄책감으로 인한 복종을 유발시키는 방법이다. 어느 방법이든 두 사람 사이에는 불경건한 '묶임(strings)'이 형성될 수 있다.

남을 통제하는(control) 사람은 매우 이기적이며 자신의 욕구만 채우려는 사람이다. 이런 사람은 예수님처럼 남을 섬겨야 하는 크리스천과는 거리가 멀다. 예수님은 섬김을 받으려고 오신 것이 아니라 섬기러 오신 분이었다.

예수께서 불러다가 이르시되 이방인의 집권자들이 그들을 임의로 주관하고 그 고관들이 그들에게 권세를 부리는 줄을 너희가 알거니와 너희 중에는 그렇지 않을지니 너희 중에 누구든지 크고자 하는 자는 너희를 섬기는 자가 되고 너희 중에 누구든지 으뜸이 되고자 하는 자는 모든 사람의 종이 되어야 하리라 (막 10:42-44)

당신이나 주변 사람들을 통제하려는 사람을 살펴보라. 그들은 대개 특정 유형의 두려움, 특히 거절에 대한 두려움을 가지고 있는 경우가 많다. 어린 시절에 버려진 경험이 있는 사람에게 이런 두려움이 자주 나타난다. 당신을 학대하는 사람이 궁극적으로 원하는 바는, 자신의 환경을 통제함으로써 더 이상 상처와 거절을 맛보지 않으려는 것이다. 그들은 사랑받고 싶고 수용 받고 싶은 욕구가 너무도 큰 나머지 아무도 그것을 채워 줄 수 없다. 이들이 가지고 있는 공허와 욕구의 뿌리는 주로 어린 시절에 버려졌던 경험에 있다. 오직 육신의 아버지의 사랑만이 이들에게 만족을 줄 수 있다. 혹은 사랑으로 행해지는 축사를 통한 성령의 초자연적 사역만이 이들의 갈급함을 해소시켜 줄 수 있다.

남을 통제하려 드는 사람이 자칭 크리스천일 수 있다. 그러나 그는 성령께 온전히 굴복한 사람은 아니다. 성령은 결코 강압적으로 행하시지 않는다. 성령은 부드럽고 사랑스럽게 인도해 가신다. 선한 목자이신 그리스도의 본을 온전히 따르신다.

부모가 결혼한 자녀들과 휴가를 함께 보내려고 조종을 행할 수도 있다. 이를테면, 딸은 남편과 함께 크리스마스를 보내기 위해 가야 한다. 그런데 이것을 어머니에게 말했더니, 어머니가 상당히 감정적인 반응을 보인다. 눈물을 흘리거나 다음과 같이 탄식하면서 말이다. "이제 너는 더 이상 우리를 사랑하지 않는구나." 혹은 분노의 반응을 보일 수도 있는데, 이렇게 되면 갓 결혼한 딸 부부는 어안이 벙벙해진다. 어머니가 화를 내면서 직간접적으로 욕설이나 저주를 퍼부을 수도 있다.

죽고 사는 것이 혀의 힘에 달렸나니 (잠 18:21)

말은 상처를 준다. 성인이 된 경우에도 마찬가지이다. 은근한 협박이든 노골적인 협박이든 상처가 된다. "크리스마스 때 여기에 오지 않으려거든, 나중에라도 와서 귀찮게 할 필요 없다." "네가 추석에 여기에 오지 않는다면, 더 이상 내 아들(딸)이 아니다." "네 대학 등록금을 더 이상 내게서 기대하지 마라." "가족을 존중하지 않으면 너는 결코 성공할 수 없을 거야."

그 입은 우유 기름보다 미끄러우나 그의 마음은 전쟁이요 그의 **말은 기름보다 유하나 실상은 뽑힌 칼이로다** (시 55:21)

또 하나의 사악한 책략 가운데 '무시하기'가 있다. 이는 성가시게 하는 사람에게 더 이상 말을 하지 않거나, 어떤 식의 의사소통이든 차단해 버리는 방법이다. 이러한 방법은 불경건할 뿐 아니라, 사람을 고통스럽게 한다. 앞서 언급한 바 있는 야곱의 막대기 이야기는 혼의 묶임이 어떻게 형성되는가를 이해하기 쉽게 설명해 준다. 당신이 한 가닥의 끈으로 묶여 있을 때는 쉽게 헤어 나올 수 있다. 그러나 누군가가 열두 가닥의 끈으로 당신을 묶었다고 하자. 이제 당신은 마치 열두 가닥으로 꼬아서 만든 굵은 밧줄에 단단히 묶여 있는 형국이 되어 버린다.

누군가가 당신을 위해 제공하는 선물이나 행위에 '묶는 끈(strings)'이 붙어 있다는 것을 알아차렸다면, 이때는 즉각적인 점검이 필요하다. 자유를 빼앗기고 싶지 않다면, 당신은 그 첫 번째 끈 하나를 단호히 거절해야 한다. 그것이 '묶는 끈'이라는 것이 확실히 분별되는 대로 말이다. 당신의 자유를 조금이라도 제한하는 것은 모두 당신을 '묶는 끈'이다. 영적 전쟁의 원리를 제시해 주는 말씀으로 내가 즐겨 사용하는 구절이 있다.

사자의 우는 소리와 젊은 사자의 소리가 그치고 **어린 사자의 이가 부러지며** (욥 4:10)

완전히 성장하여 힘이 가장 센 상태의 사자와 선뜻 맞서 싸우려는 사람이 몇이나 될까. 새끼 사자쯤이라면 한번쯤 겨뤄 볼 만하겠다고 생각할 수는 있다. 어린 사자 정도는 죽일 수도 있고 그 이를 뽑을 수도 있다. 어린 사자의 송곳니는 바로 오늘 미리 제거해 두어야 한다. 그렇지 않으면 나중에 그 송곳니로 우리 자신이 죽임을 당하게 될지도 모른다.

원리는 다음과 같다. 적이 아직 약할 때 전쟁을 치루라. 적이 성장하도록 방치해 두지 말라. 적의 힘이 견고해지게 내버려 두지 말라.

동일한 진리가 특히 불경건한 혼의 묶임에 적용된다. 관계 가운데 뭔가 경건치 못한 요소가 감지되거든, 아예 시작부터 그 싹을 절단해 버리라! 안전한 곳으로 물러나와 몸을 사리고, 다시 관계를 재정립하라. 통제하는 관계 속에 그대로 머물러 있는 한, 올바른 관점으로 자신의 입장을 바라보기란 결코 쉽지 않다.

■ 크리스천의 주술, 크리스천의 혼의 묶임
(christian witchcraft & christian soul-ties)

우선 약간의 설명이 필요할 것 같다. 용어 자체가 모순적으로 보이기 때문이다. 안타까운 사실이지만, 내가 말하는 것들은 실제로 일어나는 일들이다. 교회 안에도 주술의 형태가 존재한다. 교회마다 보통 그 교회의 전반적인 살림을 이끄는 한 가족 혹은 개인이 있기 마련이다. 보이지 않게 실세를 쥐고 있는 사람 말이다. 이들은 교회 안에서 가장 부유한 자이거나, 헌금을 제일 많이 하는 사람일 수도 있다. 이들은 다음과 같이 말하곤 한다. "제가 교회를 위해 새 오르간을 사겠습니다. 하지만 우선 성가대 지휘자를 다른 사람으로 교체해 주십시오." "제가 새 카펫을 사겠습니다. 단, 카펫의 색깔은 반드시 파란색이어야 합니다."

이들의 요구사항은 얼핏 보면, 그리 대수롭지 않게 보인다. 그러나 이들은 목회자나 교회 중역들에게 속한 지출 결의권을 명백히 침해한 것이다. 이러한 예들은 단지 분명하게 드러난 형태의 통제에 불과하다. 더 많은 경우에 통제는 훨씬 더 교묘한 형태로 이루어진다. 예를 들어 다음과 같은 말은 단순히 하나의 의견처럼 들린다. "제 생각에는 존 형제가 집사 직분을 잘 감당할 수 있을 것 같지 않습니다." 이 말을 한 사람은 그 교회의 주요 재정 후원자였다. 그의 발언에는 재정 후원자로서의 무게가 실려 있었고, 다음과 같은 위협이 내포되어 있었다. "제 의견을 진지하게 받아들여 주십시오. 그렇지 않으면, 제 후원을 잃게 될 수도 있습니다!"

일단 이런 종류의 통제가 시작되었는데도, 교회나 목회자가 이를 그냥 묵인하기로 했다면, 하나님은 더 이상 그 교회를 다스리시지 않는다. 이제 권력을 휘두르는 한 개인이 교회를 다스리게 된다. 이렇게 해서 목회자와 성도들, 그리고 한 부유한 교인 사이에 혼의 속박이 만들어진다.

교회나 단체 가운데 다른 이들보다 훨씬 더 영적으로 보이는 한 사람으로 인해 혼의 속박이 형성되기도 한다. 조심스럽게 분별하지 않으면, 그 사람의 예언의 '은사'는 강력한 조종과 통제의 수단으로 전락할 수도 있다.

최근 우리는 기독교적인 상황 속에서 한 사람으로 인해 발생한 학대와 통제의 실례를 목격한 바 있다. 존스타운의 짐 존스 목사, 웨이코 마을의 데이빗 코레쉬 등이 이에 해당한다. 보다 최근에 일어난 비극으로는 천국의 문 자살소동이 있다. 이들의 행위는 명백히 기름부음을 흉내 낸 것에 불과했다. 혹은 귀신에게 기름부음을 받아 추종

자들을 저주 가운데 묶어 둔 예라고 할 수 있다.

짐 존스가 처음 활동을 시작할 때만 해도 그의 삶에는 어마어마한 하나님의 기름부으심이 흘러넘쳤다. 나의 동료가 전해 준 이야기에 따르면, 존은 목회 초기에 교회에서 치유 집회를 인도했다고 한다. 집회 도중 존이 한 여성이 있는 곳으로 걸어갔다. 그녀의 볼에는 붉은색의 커다란 암종(癌腫)이 있었다. 존이 그녀의 암종 위에 손수건을 놓자, 암종이 손수건 안으로 떨어져 나왔다.

그러나 기적을 행하는 능력이 있다고 해서, 그 은사를 남을 통제하는 수단으로 사용하지 않으리라는 법은 없다. 하나님은 이러한 교묘한 형태의 주술을 '불법'으로 여기신다.

나더러 주여 주여 하는 자마다 다 천국에 들어갈 것이 아니요 다만 하늘에 계신 내 아버지의 뜻대로 행하는 자라야 들어가리라 그날에 많은 사람이 나더러 이르되 주여 주여 우리가 주의 이름으로 선지자 노릇 하며 주의 이름으로 귀신을 쫓아내며 주의 이름으로 많은 권능을 행치 아니하였나이까 하리니 그때에 내가 그들에게 밝히 말하되 내가 너희를 도무지 알지 못하니 불법을 행하는 자들아 내게서 떠나가라 하리라 (마 7:21-23)

■ 예언을 통한 통제

예언을 통해서도 통제를 행할 수 있다는 사실을 몸소 경험한 적이 있다. 70년대 초반에 어느 대규모 은사주의 집회에 참석한 일이 있었다. 집회가 거의 끝나갈 무렵 어느 낯선 남성이 내게 다가왔다. 그리고는 아주 흥분된 목소리로 다음과 같이 말했다. "오늘 저녁 집회에서 제 아내가 예언을 받았답니다. 당신과 제가 함께 책 사업을 시작하면, 주님이 우리 사업을 엄청나게 번창시켜 주실 것이라고 하셨어요. 당신의 생각은 어떻습니까?" 그는 숨이 가쁠 정도로 신이 나 있었다.

그 당시 나는 이미 서적을 취급하는 일을 하고 있었지만, 그는 서적 사업을 하고 있지 않았다.

나는 그에게 솔직하게 말했다. "형제님, 저는 그 예언을 그대로 받아들일 수 없습니다. 세 가지 이유에서 그렇습니다! 첫째, 그 예언이 올바른 것이라면, 형제님의 아내는 그 예언을 공개적으로 말하여 모든 회중이 그것을 판단하게 했어야 합니다(예언하는 자는 둘이나 셋이나 말하고 다른 이들은 분별할 것이요; 고전 14:29). 둘째, 저는 이미 서적 사업을 하고 있습니다. 당신과 사업의 파트너가 되는 일에 관해, 주님께서 저에게 먼저 말씀해 주셨어야 한다고 생각하지 않습니까? 셋째, 제 영이 그 예언에 조금도 동의하지 않습니다. 만일 실제로 주님께서 그 메시지를 형제님의 아내에게 주셨다고 한다면, 주님은 그 메시지에 동의하고 수용하도록 제 마음도 준비시켜 주셨을 것입니다. 그러나 현재 이 세 가지 조건 중 하나도 충족되지 않았습니다. 결론적으로, 저는 그 예언이 하나님으로부터 온 것이 아니라고 생각합니다."

그 젊은 형제는 내 말에 수긍하지 못하고, 발로 땅을 걷어차며 벌

컥 화를 냈다.

나는 그 형제가 전해 준 예언이 귀신으로부터 왔다고는 생각하지 않는다. 예언의 출처는 세 가지로 볼 수 있다. 성령, 악령, 잘못 인도된 사람의 영. 추측하건대, 단순히 기독교 사업과 기독교 사역에 동참하고 싶은 아내의 욕망이 그러한 예언을 만들어 낸 것이 아닐까 한다. 최소한 위에서 언급한 세 가지 이유에 근거해 볼 때, 그 예언은 성령께서 주신 것이라기보다는, 그녀의 머리(head)에서 나온 것이었다.

예언은 잘못하면 예언 받는 사람을 '예언하는 자'에게 속박하는 수단으로 오용될 수 있다. 진정한 하나님의 예언자는 사람들이 자신을 의존하지 않게 하려고 안간힘을 쓴다(행 14:14).

대부분의 크리스천들은 하나님으로부터 오는 참된 말씀에 굶주려 있다. 그들은 개인적인 말씀을 듣기를 갈망하면서 예언자들을 찾아 다닌다. 개인적인 예언의 말씀을 주는 훈련을 위해 세워진 사역 단체들까지 있다.

하나님은 경우에 따라 개인에게 직접적으로 말씀을 주시기도 한다. 그러나 개인에게 주시는 말씀을 너무 지나치게 추구하다 보면, 그릇된 방향으로 빠질 수도 있다. 또한 이는 어쩌면 하나님을 개인적으로 추구하는 일에 충분한 노력을 쏟지 않는 게으름이나 수동성(unwillingness)을 반영하는 모습일 수도 있다. 이러한 모습은 동기가 매우 이기적이다. 여기에 개인적으로 지도 받고 싶은 기대심리가 더해지면, 예언을 받는 사람은 예언의 남용과 통제에 대한 저항력이 극도로 약해진다. 뿐만 아니라, 그 '예언자'와의 관계 가운데 쉽게 혼의 묶임이 형성된다.

또 자기를 높임으로(self-elevation) 통제와 의존이라는 혼의 묶임으로 발전되는 경우도 있다. 이것은 사교의 교주들이나 작은 교회들에서 쉽게 발견된다. 심지어 몇몇 대형 교회에서도 이런 현상이 나타난다. 이들은 가장 최근에 받은 자기들만의 '계시'를 가지고 있다. 하나님은 분명하게 성경을 통해 그분의 백성, 그분의 종, 그분의 교사들에게 계시를 주신다. 그러나 계시는 그 어떤 신자가 단순히 성경으로 점검하여 보더라도 손쉽게 확인되고 입증될 수 있는 것이어야 한다.

먼저 알 것은 성경의 모든 예언은 **사사로이 풀 것이 아니니** (벧후 1:20)

불안한 사람들은 끊임없이 미래에 대해 알고 싶어 한다. 이런 사람들일수록 점술가나 예언자와의 사악한 혼의 묶임에 쉽게 빠져든다.

앞에서도 살펴본 바와 같이, 하나님과의 하나 됨뿐만 아니라 동료 인간과의 하나 됨을 경험하는 것이 인간을 향한 하나님의 뜻이다. 하나님은 우리가 그분의 축복을 즐기기를, 또한 온 세상이 하나님의 일하심을 깨닫게 되기를 바라신다.

아버지여, 아버지께서 내 안에, 내가 아버지 안에 있는 것같이 그들도 다 하나가 되어 우리 안에 있게 하사 세상으로 아버지께서 나를

보내신 것을 믿게 하옵소서 (요 17:21)

　사탄은 우리의 혼에 상처를 주고 싶어 한다. 우리로 인해 덩달아 다른 사람의 혼도 상처 입게 만드는 것이 사탄의 계략이다. 여기에 주로 사용되는 수법이 바로 왜곡과 모조품이다. 사탄은 하나님의 모든 계획에 늘 이 방법을 사용해 왔다.
　다음 장에서는 사탄의 모조품이 우리의 삶 속에 어떻게 역사하는지에 관해 살펴보기로 하자.

■ 경건한 혼의 묶임과 불경건한 혼의 묶임의 영향력(요약)

경건한 혼의 묶임	불경건한 혼의 묶임
1. 결혼 (marriage)	
결혼의 연합 : 남편과 아내가 한 몸이 되게 한다. 평생토록 헌신하며 건강한 상호 복종의 관계를 이룬다.	간음 : 불성실한 배우자가 다른 이성과 혼적으로 묶인다. 한 배우자가 다른 배우자를 불경건하게 통제한다. 여기에는 공격적인 지배 혹은 나약함을 요구하는 방법등이 사용된다.
2. 가족 (family)	
가족의 연합 : 일반적으로 사랑의 관계, 개방적인 의사소통, 용서, 사랑과 훈육이 적절히 조화된 자녀양육 등이 특징적이다.	부모 혹은 자녀가 지나치게 통제적이 됨으로써 애정이 이간된다. 이런 자녀는 성인이 되어 좋지 못한 인간관계를 형성한다.
3. 우정 (friendship)	
우정의 연합 : 상호사랑, 상호존중, 상호신뢰가 특징적이다.	질투 혹은 끊임없는 요구로 상대방을 남용한다. 통제 불가능한 욕구를 상대방의 삶에 전가한다.
4. 권위 (authority)	
건강한 복종의 연합 : 지도자, 왕, 연장자, 목회자, 상사 등 하나님이 세우신 권위자에 대해 건강하게 복종한다.	불경건한 지혜를 표명하거나 불경건한 충성을 요구하는 지도자에게 절대적으로 복종한다. 이때 복종하는 자는 하나님에 대한 충성을 저버린다. 그 결과 그는 영적으로 속박되고 개인적으로 실패의 삶을 경험한다.
5. 성도의 교제 (body fellowship)	
성도들과의 사랑의 연합 : 서로간의 사랑, 섬김의 도, 친절, 인내, 정직이 특징적이다.	분열 및 육신에 속한 교리로 인해, 또한 공동으로 지은 죄를 묵과함으로써, 하나님과 개인적인 관계를 맺지 못한다.
6. 하나님과의 교제 (fellowship with God)	
사랑과 섬김을 통한 하나님과의 연합 : 사랑, 기쁨, 평화, 의, 자유가 특징적이다. 사람보다 하나님을 더 의지한다. 성령의 은사와 성령의 열매가 거침없이 나타난다.	사단의 의식, 사교, 신비력과의 속박이 특징적이다. 혼란하고 산만하며, 성경말씀을 기억하지 못하거나, 자기통제가 불가능하다.

제3장
자의적 선택으로 인한 성인의 해로운 혼의 묶임
(The Development of Harmful Adult Soul-Ties Through Choices We Make)

■ 계약 노예(Indentured bond Servants)

혼의 묶임과 같은 속박은 과연 어떤 식으로 형성되는 것일까. 미국 역사 초기에 사람들이 어떤 식으로 노예가 되었는지를 생각해 보자. 사람들은 처음에 계약 노예로 미국에 왔다. 부채 청산을 위해 자발적으로 노예가 되었다는 말이다. 이렇게 해서 노예로 팔린 사람들도 있었던 반면, 미국이라는 신대륙으로 오기 위해 스스로를 노예로 판 가난한 사람들도 있었다.[1]

실제로 어떤 이들은 사회를 어지럽힌 죄를 범하여 교도소에 수감되어 있다가 사형을 면제받는 조건으로 미국에 노예의 신분으로 올 수 있는 선택권을 부여받기도 했다.

어떤 이들은 가난이나 심한 부채에 시달리다가, 혹은 빚을 갚지 못해 감옥에 갇혀 있다가, 도저히 청산할 수 없는 빚더미와 영국으로부터 탈출하기 위해 자기 자신이나 가족들을 노예로 팔기도 했다. 다음과 같은 노랫말을 상기해 보라. "우리는 갚을 수 없는 빚을 졌다네. 그분이 오셔서 우리의 빚을 대신 갚아 주셨네!"

속박이나 노예제도를 언급함에 있어, 우리는 당연히 남부로 끌려와 고역을 치른 아프리카 노예들을 가장 먼저 떠올린다. 그러나 그

---

1) 귀신이 활동할 발판이 되는 것은 비단 이런 경우들만이 아니다. 예를 들어, 어떤 이는 알코올 중독의 영에 사로잡혀 있을 수도 있다.

들은 원래 자기 부족의 원수들에게 포로로 잡혀 노예로 팔린 사람들이었다. 한마디로 전쟁 포로들이었다. 반면에 계약 노예들이 주인에게 자신들을 노예로 판 것은 순전히 스스로 결단한 일이었다.

예수님이 오신 것은 포로 된 자들을 자유롭게 해 주시기 위함이었다. 그렇다면 누가 노예이고, 누가 포로 된 자인가? 어쩌면 대부분의 미국인들은 목화 농장에서 일하는 흑인 노예들을 가장 먼저 떠올릴지도 모르겠다…. 그러나 바로 우리 자신이 포로이고 노예이다. 우리는 무지함으로 스스로를 속박 가운데 팔아넘기기로 동의한 자들이다.

■ 부정적인 혼의 속박의 형성

속박이 발생하는 상황은 노예제도나 계약 노예와 같이 외관상 분명하게 드러나지 않는 경우가 많다. 쌍방 혹은 자기 자신과의 합의를 통해 이루어지기 때문이다. 대다수의 불경건한 묶임은 무지(無知)로 인해 발생한다.

그러므로 **내 백성이 무지함으로 말미암아 사로잡힐 것이요** 그들의 귀한 자는 굶주릴 것이요 무리는 목마를 것이라 (사 5:13)

내 백성이 **지식이 없으므로** 망하는도다 (호 4:6)

예수님은 그분을 따르는 자들에게 주님의 뜻을 이룰 수 있는 권세(ἐξουσία-법적인 권한)와 권능(δύναμις-가능케 하는 능력)을 주셨다. 여기서 우리가 반드시 기억해야 할 것이 있다. 권세와 권능은 함께 사용되어야 한다. 그렇지 않으면 아무런 효과가 없다. 이것은 마치 유월절 어린 양의 피를 문설주에 바르는 것과 마찬가지이다. 즉, 피 자체는 죽음의 천사로부터 보호해 줄 수 없다. 피를 문설주에 발라야 한다.

예수님은 주의 백성들의 혼을 자유케 하시려는 뜻(will)을 말씀을 통해 잘 설명해 주셨다. 주님 자신이 사람들의 혼을 자유롭게 해 주셨고, 귀신을 쫓아냄으로써 생각(minds)과 혼(souls) 모두를 회복시켜 주셨다.

예수께서 온 갈릴리에 두루 다니사 그들의 회당에서 가르치시며 천국 복음을 전파하시며 백성 중의 모든 병과 모든 약한 것을 고치시니 그의 소문이 온 수리아에 퍼진지라 사람들이 모든 앓는 자 곧 각종 병에 걸려서 고통 당하는 자, 귀신 들린 자, 간질하는 자, 중풍병자들을 데려오니 그들을 고치시더라 (마 4:23-24)

■ **쌍방 간의 합의**
  (agreement between two parties)

두 사람이 뜻이 같지 않은데 어찌 동행하겠으며 (암 3:3)

모든 인간관계의 중심에 합의가 있다. 합의가 가지는 진정한 힘은 사람의 선택으로 이루어진다는 사실이다. 쌍방 간에 이루어진 가장 오래되고 강력한 묶임의 예로 피로 맺은 계약을 들 수 있다. 당사자들끼리 동의하는 사항을 둘러싼 기본적인 합의야말로 피로 맺은 계약에서 가장 중요한 부분이다.

계약(covenant)이 관계의 기초가 되는 것은 초자연적인 세계에서도 마찬가지이다. 사탄은 언제든 기회가 될 때마다 하나님의 방법을 모방하려고 애쓴다. 주술사 등과 같은 사탄의 추종자들은 사실상 사탄과 계약 관계에 있는 자들이다. 주술에 사용되는 용어인 '커번(coven)' (역자주-12명의 마녀와 그 지도자인 1명의 악마로 구성된 마녀의 모임으로, 이 숫자는 일반적으로 그리스도와 12명의 사도를 흉내 낸 것이라 함)의 기원도 바로 여기에 있다.

신약 성경은 악을 멀리하고 악을 행하는 사람을 피하라고 가르친다.

너희는 믿지 않는 자와 **멍에를 함께 메지 말라** 의와 불법이 어찌 함께하며 빛과 어둠이 어찌 사귀며 (고후 6:14)

현재 악에 빠져 있다는 것을 알면서도 스스로를 그런 사람들과 묶이도록 방치한다면, 우리는 그들의 죄에 동참하는 자가 되는 것이다. 이제 그들 속에 있던 악한 영들은 너무나도 쉽게 우리에게 흘러 들어올 수 있게 된다. 이는 상대가 완고한 분노의 사람이건, 혹은 앞서 언급한 바와 같이 악에 빠져 있는 사람이건 간에 어김없는 사실이다. 어쩌면 우리가 그들과의 관계에 들어간 것은, 순전히 그들을 돕고 싶은 마음에서였는지도 모른다. 우연히 목격하게 되면서 그들을 곤경에서 꺼내 주고 싶었는지도 모른다. 그러나 보통 우리의 처음 의도와는 정반대의 결과가 초래되곤 한다. 그들에게 있는 죄악의 힘이 우리를 끌어당김으로, 우리는 지치고 쇠약해진다. 마침내 우리 자신의 가치 기준마저 하락했음을 깨닫게 된다.

성경은 우리에게 악한 친구들을 사귀지 말며, 죄악이나 나쁜 습관을 가르쳐 줄 가능성이 있는 자들을 멀리하라고 가르친다. 구약성경에서 하나님은 죄에 오염되거나 죄로 더럽혀진 사람들이 속한 공동체 전체를 멸망시켜 버리기도 하셨다. 이렇게 하여 하나님은 죄 없는 다른 사람들의 혼이 유혹받지 못하도록 막아 주셨다.

노를 품는 자와 사귀지 말며 울분한 자와 동행하지 말지니 그의 행위를 **본받아 네 영혼을 올무에 빠뜨릴까 두려움이니라**
(잠 22:24-25)

근신하라 깨어라 너희 대적 마귀가 우는 사자같이 두루 다니며 삼킬 자를 찾나니 (벧전 5:8)

■ 비밀이 혼의 묶임을 만들어 낸다

마치 거미처럼, 마귀(Devil)는 희생물이 죄의 덫에 걸려들도록 계략을 꾸민다. 그래야 보다 쉽게 그 희생물을 먹어치울 수 있기 때문이다. 속박을 만들어 내는 가장 교활한 방법 중 하나는 바로 비밀로 묶는 것이다. "앞으로 내가 하는 말은 아무한테도 이야기해서는 안 돼!" 이런 식으로 그 사람과 당신은 험담과 어둠이라는 불경건한 (unholy) 묶임으로 속박된다. 이제 두 사람은 공범이다. 이에 대해 예수님은 다음과 같이 경고하셨다.

오직 너희 말은 옳다 옳다, 아니라 아니라 하라 이에서 지나는 것은 악으로부터 나느니라 (마 5:37)

이러므로 너희가 어두운 데서 말한 모든 것이 광명한 데서 들리고 너희가 골방에서 귀에 대고 말한 것이 지붕 위에서 전파되리라
(눅 12:3)

야고보서 5장은 신뢰할 만한 장로들 앞에서 공개적으로 자백하라는 처방전을 제시한다. 당신이 나에게 살인을 저질렀다는 사실을 아무에게도 말하지 말라고 당부했다고 하자. 내가 계속 당신의 비밀을 지키고 있는 한, 나는 당신과 법적으로 공범 관계로 결속되게 된다. 뿐만 아니라 영적으로도 동일한 죄책감을 공유한 자가 된다.

너희는 열매 없는 **어둠의 일**에 참여하지 말고 도리어 책망하라 그들이 **은밀히 행하는 것들**은 말하기도 **부끄러운 것들**이라
(엡 5:11-12)

어떤 죄에는 반드시 파트너나 공범자가 필요하다. 이러한 죄에는 반드시 비밀 유지가 수반되기 마련이다. 여기에 연루된 사람들은 비밀 노출에 따르는 두려움도 갖는다. 이런 유형에 속하는 것으로 조직 폭력단원들을 들 수 있다. 이들은 은행을 터는 등의 기타 여러 가지 범죄를 저지른다.

악인은 자기의 악에 걸리며 **그 죄의 줄에 매이나니** (잠 5:22)

■ 폐쇄 조직 혹은 비밀 단체 안에서 형성되는 혼의 묶임

무엇이든지 비밀스러운 것은 비밀 유지 혹은 어둠의 일을 감추기 위한 목적으로 이루어지는 것이므로 반드시 끊어 버려야 한다. 어떤 형태의 비밀 단체든 우리는 그것과의 관계를 반드시 차단해야 한다. 그 단체의 일원이 되는 것이 비록 겉으로 보기에는 아무리 악의 없고 순수해 보일지라도 말이다. 보이스카웃같이 비밀 선서를 하는 조직이나 그보다 차원이 높은 인디언 주술(Indian witchcraft) 같은 형태와의 묶임은 반드시 파쇄해야 한다. 이와 유사한 조직으로, 인디언 가이드(Indian Guides), 비밀 입회의식을 행하는 남대생 사교 클럽 혹은 여대생 사교 클럽 등을 들 수 있다. 프리메이슨단(Masonry), 드몰레단(Demolay), 엔지니어 연합(PEO), 동방별단(Eastern Star), 장미 십자회(Rosicrucians), 컬럼버스 기사단(Knights of

Columbus) 등과 같이, 조직원들이 조직에 대한 깊은 존경심을 가지고 있는 경우에도 마찬가지이다.

조직과 조직원 간에 부당한 혼의 묶임이 형성되어 있는지 확인하고 판단하는 방법이 있다. 우선 비밀 서약을 반드시 지킬 것을 요구받고 있는지 확인하라. 또 그 서약의 내용이 그리스도 안에서 형제요 자매된 자들, 혹은 목사님에게조차 공공연히 드러내 놓고 말할 수 없거나 말하기 어려운 것인지 점검해 보라.

비밀을 폭로하거나 공개적으로 드러내거나 비밀과의 묶임을 파쇄하지 **않겠다는 것은,** 결국 **조직과의 속박, 혹은 비밀과 연관된 사람과의 속박을** 그대로 유지하겠다는 것과 마찬가지이다.

■ 혼의 묶임은 열린 모임 안에서도 형성될 수 있다.

우리는 교회나 회사 혹은 어떠한 단체와의 혼의 묶임도 파쇄해야 한다. 이러한 단체들로 인해 지속적으로 하나님께 나아가는 것에 방해를 받는 경우라면 말이다. 어느 한 가지 활동에 "마음과 혼을 쏟아 부으라"고 요청받는 경우가 많다. 우리는 그 어떤 것에도 감상적으로 묶이지 않도록 늘 주의해야 한다. 실제로 이런 모임에 속한 사람들 간에 혼의 묶임이 발생한다. 그들은 당신에게 더 많은 시간을 요구함으로써, 당신이 하나님께 헌신하는 것을 가로막는다.

율법주의와 전통으로 인해 성령의 역사가 신속히 소멸될 수도 있다. 어쩌면 우리는 우리가 어느 특정 모임에 참석하는 것이 예수님을 위해 좋은 결과를 가져올 것이라고 느낄 수도 있다. 그러나 마음에 영적인 메마름이나 지나친 부담이 느껴질 때에는, 언제라도 그곳에서 자유롭게 빠져나올 수 있어야 한다. 광야에서 성막이 언제나 이동 가능하여 하나님의 임재가 계신 곳을 따라 어디로든 움직여 갔다는 사실을 기억하라. 신자의 경우도 마찬가지이다. 신자는 하나님의 인도하심을 따라 언제라도 다른 교회에 속할 수 있다. 따라서 현재 다니고 있는 교회의 일원들과의 관계 가운데 충분한 거리를 유지할 수 있어야 한다.

■ 성적 속박을 통한 합의(agreement)

"내 마음을 그녀에게 뺏겼어!" "그녀에게 내 마음을 다 줘 버렸어!" "내 삶은 그/그녀에게 온통 사로잡혔어!" "그/그녀가 내 마음을 훔쳐 갔어!" "그/그녀는 내 인생의 전부야!" 한심하게 들리는 이러한 고백들이 전 부인이나 남편, 약혼자나 약혼녀, 성적 파트너와의 불경건한 혼의 묶임을 만들어 낸다. 특히 이들의 관계가 간통이나 간음, 동성애적인 행위로 엮여 있는 경우에는 더욱 그러하다.

혼의 묶임 중에서도 희생자 측에서도 가장 이해하기 어렵고 사역자 측에서도 가장 발견해 내기 어려운 것이 있다. 외관상 순수해 보일뿐더러, 실제적인 육체관계나 성적인 접촉이 전혀 일어나지 않은 관계이다. 그러나 이런 경우에도 혼의 묶임이 형성되어 있으며 속박도 명백히 존재한다. 이것은 관계 당사자들의 고백을 근거로 한다.

이러한 혼의 묶임은 실제로 성적인 접촉을 통해 이루어진 혼의 묶임과 동일한 증상을 보인다. 이와 관련하여 예수님은 다음과 같이 말씀하셨다.

나는 너희에게 이르노니 음욕을 품고 여자를 **보는** 자마다 마음에 이미 간음하였느니라 (마 5:28)

단지 잘못된 동기를 품고 쳐다보는 것만으로도 매우 위험할 수 있다. 유감스러운 일이지만 다윗도 이 사실을 깨닫게 되었다.

■ 포르노그래피를 통한 혼의 묶임

포르노그래피를 통해 정욕의 대상자와 혼의 묶임이 형성될 수 있다. 예를 들어 파라 포셋(Farah Fawcett)이나 보 데렉(Bo Derek) 같은 할리우드 스타들을 한 번도 만나 본 적이 없을지라도, 이미지를 통해 이들과 혼적으로 묶일 수 있다. 자위행위(masturbation)를 통해 이들을 우상화했거나 혹은 공상 속에 이들을 성적 파트너로 삼아왔기 때문이다. 이런 식으로 이 남성은 정욕의 대상자에게 자신의 일부를 바친 것이 된다. 하나님은 성적인 죄악에 대하여 아주 엄중한 태도를 취하신다.

그러나 두려워하는 자들과 믿지 아니하는 자들과 흉악한 자들과 살

인자들과 **음행하는 자들**과 점술가들과 우상 숭배자들과 거짓말하는 모든 자들은 불과 유황으로 타는 못에 던져지리니 이것이 둘째 사망이라 (계 21:8)

한 남성이 여성의 가슴 혹은 은밀한 부분을 쳐다보거나 여성의 벗은 몸을 주시할 때, 성적인 혼의 묶임이 발생하는 경우가 많다. 눈이 통로가 되어 죄가 들어오는 것이다. 눈으로 그 여성을 바라보면서 정욕이 생기는 것이다. 여성의 경우도 마찬가지이다. 남성의 벗은 몸을 보거나, 그를 향한 생각을 제어하지 않고 그대로 방치함으로써 그와 혼적으로 묶이게 된다. 정욕적인 눈으로 바라보는 것이 혼의 묶임을 초래한다는 개념은 성경에도 입증되어 있다.

히위 족속 중 하몰의 아들 그 땅의 추장 세겜이 그를 **보고** 끌어들여 강간하여 욕되게 하고 **그 마음이 깊이** 야곱의 딸 디나에게 **연연하며** [his soul clave unto Dinah] 그 소녀를 사랑하여 그의 마음을 말로 위로하고 (창 34:2-3)

결혼을 통해 두 사람이 한 몸이 되는 것과 동일한 이치로, 불륜 관계를 선택한 사람들도 하나가 된다.

너희 몸이 그리스도의 지체인 줄을 알지 못하느냐 내가 그리스도의 지체를 가지고 창녀의 지체를 만들겠느냐 결코 그럴 수 없느니라 창녀와 합하는 자는 그와 한 몸인 줄을 알지 못하느냐 일렀으되 둘이

한 육체가 된다 하셨나니 (고전 6:15-16)

■ 간음과 간통(fornication and adultery)

결혼하기 전에 만난 옛 애인과의 관계 가운데 존재하는 사악한 혼의 묶임이 있다. 분명히 이들은 하나님의 언약 밖에서 성적인 연합을 이루어 한 몸이 되었다. 이들은 불경건한 연합 관계로 들어가 성적으로 사악한 연합을 이룸으로써 한 몸이 되었고, 결국 사악한 혼의 묶임을 형성했다. 상사병(love-sick)이나 마음의 병(heart-sick)은 매우 실제적인 문제이다. 이러한 예들은 셰익스피어의 작품 속에서도 다뤄지고 있다.

어떤 이들은 사랑하는 대상에 대하여, 강박이나 열정, 정욕과 사랑이 뒤얽힌 혼의 묶임을 경험한다. 이러한 혼의 묶임은 극심한 고통을 가져다준다. 마음(mind)에 심한 고통을 느낄 뿐 아니라, 생각 속에서 상대방의 이미지나 말들을 도저히 떨쳐 버릴 수 없노라고 고백하는 사람들을 만나는 일은 결코 드문 일이 아니다. 심리학에서는 이러한 현상을 '마인드링크(mind-link)'라고 부르고, 우리는 이를 혼의 묶임이라고 부른다.

이와 같은 현상은 어느 한쪽이 관계를 그만두려고 할 때와 같이, 대체로 관계가 위협받는 상황에서 나타난다. 흔히 사랑하는 사람들은 관계가 깨지려 하거나 악화되어 갈 때, 상대방과의 관계를 계속 유지하고 싶어 한다. 그러나 사악한 혼의 묶임 가운데 있는 이들이 보이는 충동적인 모습은 정상이라기보다는 오히려 강박증에 가깝다. 상대방이 정신적으로 자유로워지기를 원하고 있음에도 불구하고 강박적으로 그와 함께 있으려 한다.

두 사람은 성적 연합을 통해 하나가 된다. 몸이 하나 됨에 따라 실제로 혼도 하나가 된다. 몸과 혼이 하나 된 결과 두 사람이 연합을 이룬다. 이러한 연합은 비록 일시적일지라도, 그 열매는 비교적 영구적일 수 있다. 예를 들어, 두 사람의 연합을 통해 임신이 된 경우, 아이는 연합의 열매이다. 이는 가시적이고, 손으로 만져 볼 수 있고, 평생에 걸쳐 기념할 만한, 명백한 연합의 결과물이다. 물론 비가시적이지만, 성적인 혼의 묶임의 형태로 연합이 이루어졌음을 보여 주는 증거도 존재한다. 이러한 비가시적인 증거 역시 평생에 걸쳐 지속된다. 당사자가 이를 깨닫고 그 묶임을 파쇄하고 모든 연합의 잔재를 청산해 버리기 전까지는 말이다.

자녀는 부모(아내와 남편) 간에 존재하는(했던) 관계(사랑)의 기념물이다. 혼의 묶임은 죄를 범한 두 사람 사이에 존재하는 죄(정욕)의 기념물이다. 두 사람은 자녀를 볼 때마다 자신들의 관계를 떠올린다. 혼의 묶임은 두 사람의 관계를 늘 상기시켜 준다.

하나님이 결혼을 위해 고안하시고 의도하신 경건한 혼의 묶임이 사악한 혼의 묶임으로 타락할 수 있다. 매우 빈번하게 발생하는 것으로, 결혼관계가 깨어져 이혼하게 되는 경우를 예로 들 수 있다. 부정한 성적 연합으로 형성된 대부분의 혼의 묶임에서 나타나는 바와 같이, 혼의 묶임이 끊어지면서 한때 사랑으로 표현되던 것이 이제는 비열하고 위험한 증오로 바뀐다. 우리는 이러한 예를 다말의 이야기에서 찾아볼 수 있다. 다말 이야기는 간음과 부도덕으로 인해 생긴 혼의 묶임에 관한 성경적인 실례이다.

그에게 먹이려고 가까이 가지고 갈 때에 암논이 그를 붙잡고 그에게 이르되 나의 누이야 와서 나와 동침하자 하는지라 그가 그에게 대답하되 아니라 내 오라버니여 나를 욕되게 하지 말라 이런 일은 이스라엘에서 마땅히 행하지 못할 것이니 이 어리석은 일을 행하지 말라 내가 이 수치를 지니고 어디로 가겠느냐 너도 이스라엘에서 어리석은 자 중의 하나가 되리라 청하건대 왕께 말하라 그가 나를 네게 주기를 거절하지 아니하시리라 하되 암논이 그 말을 듣지 아니하고 다말보다 힘이 세므로 억지로 그와 동침하니라 그리하고 암논이 그를 심히 미워하니 **이제 미워하는 미움이 전에 사랑하던 사랑보다 더한지라** 암논이 그에게 이르되 일어나 가라 다말이 그에게 이르되 옳지 아니하다 나를 쫓아 보내는 **이 큰 악은** 아까 내게 행한 **그 악보다 더하다** 하되 암논이 그를 듣지 아니하고 (삼하 13:11-16)

다말은 암논이 그녀와 강제로 성 관계를 맺음으로 저지른 첫 번째 악보다, 오히려 그녀를 쫓아 보내고 거절하는 악이 훨씬 더 나쁘다는 사실을 분명히 지적한다. 다말은 하나님의 말씀을 통찰력 있게 설명해 주고 있다. 다시 말해, 암논으로 하여금 죄를 범하게 만든 원래의 사랑보다, 그가 나중에 품게 된 증오가 훨씬 심각하다는 것이다. 이것은 사랑이 증오로 바뀐 명백한 예이다. 오늘날 이러한 현상은 이혼한 사람들이나 혼외(non-marital) 관계에 있다가 깨어진 사람들에게서 쉽사리 찾아볼 수 있다. 증오가 남아 있다는 사실은 아직도 혼의 묶임이 파쇄되지 않았다는 증거이다. 비록 두 사람의 관계가 이미 오래전에 깨어졌을지라도 말이다. 증오는 자체적으로 고리(chain)를 만들어 낸다. 증오로 인해 두 사람이 묶이게 된다.

주술(witchcraft)은 하나님의 아들들과 딸들을 공격하고 죽일 목적으로 언제나 성(sex)을 사용한다. 사실이 아니기를 바라는 마음이 간절하지만, 우리는 전국적으로 유명한 몇몇 목사님들이 성적인 유혹과 스캔들에 말려들어 그리스도의 몸인 교회에 치욕을 안겨 준 사건들을 기억하고 있다.

나의 기도실에서 마녀들(witches)을 상대로 축사 사역을 한 일이 있다. 그 마녀들은 남성들을 유혹하여 자기들의 지배하에 두기 위해 성(sex)과 마약(drug)을 사용한 사실을 인정하였다. 나는 다음과 같은 비난의 말씀이 우리 입에 오르내리지 않기를 기도한다.

기록된 바와 같이 하나님의 이름이 너희 때문에 (문자 그대로 옮기면 '너희 행위의 결과로 인하여') 이방인 중에서 모독을 받는도다
(롬 2:24)

한 가지 분명한 사실이 있다. 악한 영들이 상처받기 쉬운 혼(souls)을 유혹할 기회를 호시탐탐 노리고 있다는 것이다. 이는 잠언에서도 엄중히 경고하고 있는 바이다. 즉 타락한 여자들과의 관계에 빠져드는 것과 유사한 상황에 걸려들게 만드는 것이다.

그때에 **기생의 옷**을 입은 간교한 여인이 그를 맞으니 이 여인은 떠들며 완악하며 그의 발이 집에 머물지 아니하여 어떤 때에는 거리, 어떤 때에는 광장 또 모퉁이마다 서서 사람을 기다리는 자라 그 여인이 그를 붙잡고 그에게 입맞추며 부끄러움을 모르는 얼굴로 그에게 말하되 내가 화목제를 드려 서원한 것을 오늘 갚았노라 이러므로 내가 너를 맞으려고 나와 네 얼굴을 찾다가 너를 만났도다 내 침상에는 요와 애굽의 무늬 있는 이불을 폈고 몰약과 침향과 계피를 뿌렸노라 오라 우리가 아침까지 흡족하게 서로 사랑하며 사랑함으로 희락하자 남편은 집을 떠나 먼 길을 갔는데 은 주머니를 가졌은즉 보름 날에나 집에 돌아오리라 하여 여러 가지 고운 말로 유혹하여 입술의 호리는 말로 꾀므로 젊은이가 곧 그를 따랐으니 소가 도수장으로 가는 것 같고 미련한 자가 벌을 받으려고 쇠사슬에 매이러 가는 것과 같도다 필경은 화살이 그 간을 뚫게 되리라 새가 빨리 그물로 들어가되 **그의 생명을 잃어버릴 줄**을 알지 못함과 같으니라 (잠 7:10-23)

이 말씀은 아담이 처음으로 경험한 죄뿐만 아니라, 오늘날 남성이 범하는 죄에 대해서도 설명해 준다. 몇 년 전의 일이다. 우리 기도 그룹에 속했던 한 여성이 아침 기도회를 마친 후 나의 아내에게 한 가지 사실을 고백했다. 그녀는 나를 유혹하고 싶었다고 한다.

"그런데 제가 실제로 유혹하려 했던 것은 빌이 아니었어요. 오히려 기독교 서점과 출판사, 그리고 치유와 축사를 행하는 온갖 초자연적인 사역 그 자체였다고 할 수 있어요." 그녀는 지도자 한 사람을 유혹하여 지배하려는 목적을 가지고 있었다. 지금까지 그녀는 20년이

넘도록 주님과 동행하는 삶을 살고 있다. 그녀의 솔직함이 그녀를 구원해 낸 것이다.

주의 종은 마땅히 다투지 아니하고 모든 사람에 대하여 온유하며 가르치기를 잘하며 참으며 거역하는 자를 온유함으로 훈계할지니 혹 하나님이 그들에게 회개함을 주사 진리를 알게 하실까 하며 그들로 깨어 **마귀의 올무에서 벗어나 하나님께 사로잡힌 바 되어 그 뜻을 따르게 하실까 함이라** (딤후 2:24-26)

■ 성도착(sexual perversion)

동성애와 레즈비언, 그 밖의 온갖 형태의 성도착은 죄책감, 수치, 죄로 인한 불경건한 속박(links)을 가져온다. 성도착 관계에 있는 사람들 간에는 보통 엄청나게 강력한 혼의 묶임이 형성된다.

너는 여자와 동침함같이 **남자와 동침하지 말라** 이는 가증한 일이니라 (레 18:22)

죄(sin)와 죄책(guilt)은 하나님의 적들을 하나 되게 한다.

■ 사악한 음모를 이루기 위한 쌍방 간의 합의

헤롯과 빌라도는 예수님을 대적할 목적으로 동맹을 맺었다.

헤롯과 빌라도가 전에는 원수였으나 당일에 서로 친구가 되니라 (눅 23:12)

그들은 하나님을 대적하기 위해 연합했다. 일종의 우정관계로 결속한 것이다. 이들의 행위를 설명해 줄 만한 표현이 있다. "유유상종(類類相從)." "그들은 도가 지나칠 정도로 절친한 사이이다(they are thicker than thieves)."

성경에는 하나님의 원수들이 하나님의 기름부음 받은 자를 대적하기 위해 결속한 예가 무수히 등장한다. 요셉의 원수들, 다윗의 원수들, 예수 그리스도의 원수들의 경우를 생각해 보라. 이 원수들은 하나님의 뜻과 그분의 일이 성취되는 것을 막기 위해, 한 데 연합하여 하나님의 사람을 대적하였다. 이와 같이 대적을 목적으로 이루어진 연합의 예들은 성경 곳곳에서 찾아볼 수 있다.

그 부모가 이렇게 말한 것은 이미 유대인들이 누구든지 예수를 그리스도로 시인하는 자는 출교하기로 결의하였으므로[had agreed] 그들을 무서워함이러라 (요 9:22)

베드로가 이르되 너희가 어찌 함께 꾀하여 주의 영을 시험하려 하느

내[have agreed together to tempt the Spirit of the Lord]
(행 5:9)

대제사장들과 **온 공회**가 예수를 죽이려고 그를 칠 거짓 증거를 찾으매
(마 26:59)

이에 **대제사장들**과 **바리새인들**이 **공회를** 모으고 이르되 이 사람이 많은 표적을 행하니 우리가 어떻게 하겠느냐…이날부터는 그들이 예수를 죽이려고 **모의하니라**[took counsel together] (요 11:47-53)

어떤 이유에서건 한 사람이 누군가를 해할 목적을 이루고자 공범을 필요로 할 때가 많다. 험담은 공동적으로 어느 한 사람을 비난함으로써 사람들을 하나로 연합 혹은 결속시키는 방법이다. 우리는 해로운 험담에 끼어들지 않도록 주의해야 한다. 부지불식간에 누군가를 부당하게 해치려는 사람과 혼적으로 묶일 수가 있다.

■ 의무감(obligation)에 따른 합의

단지 의무감 때문에 합의함으로써 혼의 묶임이 형성되는 경우가 매우 빈번하다. 이러한 현상은 거짓된 책임감 때문에 일어나기도 하고, 선물이나 도움을 받음으로써 발생하기도 한다. 당신이 다음과 같은 말들을 듣게 되었다면, 이 말들에 혹시 '묶는 끈(strings)'이 있는

것은 아닌지 잘 살펴보아야 한다.

"나를 위해 지금 당장 이 일을 해 주는 게 좋을 거야. 내가 마냥 너와 함께 있을 것이라고 생각하면 오산이야."

"네 형이나 누나라면 나를 위해 이 일을 해 주리라는 걸 너도 잘 알지?"

"네가 이 일을 해 주지 않는다면, 내가 그 아픔을 어떻게 견뎌 낼 수 있겠니?"

거짓된 책임감으로 인한 혼의 묶임은 일종의 의존적 속박으로, 다음과 같은 거짓말에 기반을 두고 있다. "나를 도울 수 있는 사람은 오직 너뿐이야." "너야말로 내 문제를(내 속박을, 등등) 해결해 줄 수 있는 유일한 사람이야." "너만큼 나를 잘 입증해 줄 수 있는 사람은 아무도 없어." 이런 표현들은 마치 우리 자아(ego)를 만족시켜 주는 말처럼 들릴 수도 있으나, 실제로는 진실이 아니다.

일종의 차별 대우로 인해 생기는 의무감도 있다. 예를 들어 보자. 흔히 맏손자나 맏손녀는 사랑을 한 몸에 받거나 다른 손자 손녀들에 비해 더 많은 애정을 받는 경우가 많다. 이에 다른 형제자매들이 질투하거나 거부 반응을 보이는 것은 대단히 흔한 일이다. 요셉과 그가 받은 채색 옷을 생각해 보라. 다른 형제들의 거부반응은 한 자녀를 총애하는 인물에 대한 그들의 의존성을 더욱 심화시킬 따름이다.

그는 한 개인에게 차별적인 위상을 부여하거나, 혹은 그를 남들보다 더 사랑함으로써, 그와 속박의 고리, 속박의 사슬, 속박의 끈을 만들어 낸다. 그러나 이러한 사랑은 어디까지나 조건적인 것이다. 그 이면에는 언젠가 사랑받는 위치를 상실하게 될지도 모른다는 두려움의 망령이 늘 자리하고 있다. 아이가 처해 있는 관계의 기반은 매우 불안정하다. 편애를 받는 위치는 다소 모호하고 막연하며, 애정을 베풀어 주는 사람을 늘 기쁘게 해 주어야 한다는 점에서 조건적이다. 또한 말로 표현되지 않은 기준마저 충족시키기 위해 끊임없이 스스로를 입증해 내야만 한다.

■ 선물(gifts)

　선물로 말미암아 불경건한 의무감이 생기는 경우가 많다. 대표적인 예로 보석이 있다. 특히 반지는 어떤 특정인을 속박하는 데 사용되며, '우정'의 반지라는 구실로 정체가 가려진 경우가 많다. 이런 것들은 대체로 적절치 못한 선물이다. 아마도 우리 대부분은 이러한 사고방식이 낯설게 느껴질지 모른다. 뿐만 아니라 우리는 선물을 흠 잡는 일에도 서투르다.
　그러나 만일 어떤 선물이 어떤 면에서든 부적절한 느낌을 준다면, 우리는 이를 반드시 신중하게 다루어야 한다. 예를 들어 결혼한 여성이 남편이 아닌 남성으로부터 속옷 종류를 선물로 받았다면, 이는 분명히 적절치 못한 선물이다. 선물을 받은 사람이 자신이 받은 선물을 다른 사람들에게 공개적으로 알리기가 꺼려진다면, 그런 선물은 부적절한 선물일 가능성이 높다.
　언젠가 한 기도모임의 여성 리더와 관련하여 도움을 요청받은 적이 있다. 그 여성 리더는 정신적으로 혼란한 상태에 봉착해 있었다.

그녀는 기도 모임에 속한 한 여성으로부터 그동안 반복적으로 값비싼 선물을 받아 왔다고 했다. 우리와 그녀는 모두 그 선물에 동성애적인 의도가 암암리에 깔려 있었다는 것에 의견 일치를 보았다. 그녀가 그동안 받은 선물들을 모두 반환 또는 파기했을 때, 비로소 이제까지 그녀를 속박해 왔던 상대방의 힘이 파쇄되었다.

가족들 간에 주고받은 고가의 선물이 상대방의 혼을 통제할 수 있으며, 상대방을 의무감으로 속박할 수 있다.

■ 도움(assistance)

'묶는 끈(strings)'이 붙어 있는 도움은 속박을 가져온다. 도움으로 인한 속박의 결과는 선물로 인한 속박에 비해 그다지 직접적인 모습으로 나타나지 않을 수도 있다. 그보다는 '나중으로 연기된 도움'의 형태로 속박이 이루어질 수 있다. 나중에 도움을 필요로 할 때 반드시 갚아야 한다는 의무감을 불러일으킴으로써 말이다.

예를 들어 누군가가 당신을 위해 벌금을 대신 내 주거나, 당신을 감옥에서 빼내기 위하여 보석금을 지불해 주었다고 가정해 보자. 이로 인해 이제 당신은 의무감에 사로잡히게 된다.

그렇다면 우리는 어떻게 어떤 선물이나 행위가 우리에게 문제의 소지가 될 수 있는지 판별할 수 있을까? 과연 분별의 시금석은 없는 것인가? 친절을 베푸는 것과 남을 조종하기 위한 행위의 차이는 주로 다음의 사항으로 결정할 수 있다.

우선 그 행위에 '묶는 끈(strings)'이 붙어 있는지 확인해야 한다. 둘째로 그 행위와 상관없이 당신이 언제라도 훌훌 털고 자유롭게 떠나갈 수 있는지 확인해야 한다.

친구나 부모로부터 제공되는 타당한 친절 행위에도 이러한 끈(strings)이 연결되어 있을 수 있다. 만일 친절한 행위를 베푸는 사람이 다음과 같은 조종의 말을 한다면 반드시 주의해야 한다.

"만일 네가 …한다면, 네게 이걸 사 줄게."

"네 아버지와 내가 너에게 집 한 채를 사 주마. 단, 너는 바로 우리 옆집에서 살아야 해!"

"네가 진정으로 나를 사랑한다면, 너는 …할 것이다."

"너에게 그걸 사 줄 테니, 아버지에게는 절대 말하지 말아라."

"이건 우리 집안 가보야. 나는 늘 네가 이것을 가지고 있었으면 했어. 그러나 만일 네가 그걸 사용하지(진열해 놓지) 않을 바에는, 나에게 돌려줘."

"네 집 수리비는 내가 지불해 주마. 단, 네 남편이 다른 도시에서 직장을 잡지 못하게 해라."

이상으로 언급한 표현들이 모두 조건적이라는 사실에 주목하라. 이들은 모두 도움을 받는 쪽에 대한 통제, 조종, 지배권을 행사하고 있다. 이는 실제로 주술이며, 도움을 받는 사람을 도움을 주는 자의 의지, 바람, 요구, 통제의 굴레 안에 속박시킨다.

이러한 압력에 굴복해 버리거나, 혹은 이런 류의 통제에 저항하지 못함으로써, 무기력하게 혼의 묶임의 희생자가 될 수 있다. **사실 이런 식의 통제를 거부하기란 결코 쉬운 일이 아니다. 따라서 더욱**

강력한 혼의 묶임이 이루어질 수밖에 없고, 그만큼 파쇄도 어려워진다.

모세는 이런 유형의 혼의 묶임을 어떻게 파쇄해야 하는지에 대해, 매우 훌륭한 모범을 우리에게 제시해 준다. 이러한 혼의 묶임은 특히 가정 안에서 발생하는 경우가 많다. 모세는 거절과 저항을 통해 강력한 혼의 묶임을 끊어 냈고, 끝까지 담대하고 단호한 자세를 잃지 않았다.

믿음으로 모세는 장성하여 바로의 공주의 **아들이라 칭함 받기를 거절하고** (히 11:24)

바로의 공주의 아들이라 칭함 받는 것을 거절하는 것은 모세에게 무척 어려운 일이었을 것이 분명하다. 모세는 그의 '어머니'를 사랑하고 존경했을 것이고, 어머니를 고통스럽게 하고 싶지 않았을 것임에 틀림없다. 그럼에도 불구하고 이러한 결단은 모세 자신의 성장 및 하나님 안에서의 자유를 위하여 반드시 필요한 일이었다.

■ 초능력, 최면, 점술에 굴복함

자신을 최면에 걸리게 하거나, 혹은 누군가가 우리에게 초능력을 쓰거나 점을 보도록 허용할 때 혼의 묶임이 발생할 수 있다. 이제까지 우리는 최면으로 심각한 고통에 처한 피해자들을 무수히 만나 보았다. 초능력으로 인한 피해는 훨씬 더 보편적이었다. 대체로 초능력(ESP)이란 실제로 마약과 관련된 일종의 주술이며, 또는 단지 주술의 정체를 은폐하기 위한 수단이다. 하나님은 이미 아담 안에(그리고 온 인류 안에) 악마화(demonization)를 막기 위한 자기 방어 기제를 마련해 주셨다. 그것은 바로 의지의 힘이다.

다음과 같은 일을 하는 사람은 악한 영이 들어오도록 스스로 문을 활짝 열어 놓는 것과 마찬가지이다. 다른 누군가가 자신에게 최면을 걸거나 초능력을 사용하도록 허락하는 일, 또는 불법적인 마약을 사용하는 일, 자신보다 강한 어떤 사람에게 자발적으로 혹은 두려움 때문에 복종하는 일 등.

한편 사람에게는 자신의 생각(혼)이 침해당하지 않도록 선택할 수 있는 힘이 있다. 비록 이제까지는 귀신의 침입이나 혼의 묶임으로 생각의 영역을 침해당하며 살아왔다 할지라도, 여전히 예수님의 뜻은 이러한 포로들을 자유롭게 하시는 것이다.

■ 맹세(oath)나 서원(vow)으로 인한 혼의 묶임

그의 남편이 그것을 듣고 그 듣는 날에 그에게 아무 말이 없으면 그 서원을 이행할 것이요 그가 결심한 서약을 지킬 것이니라 [then her vows shall stand, and her bonds wherewith she **bound her soul** shall stand.] (민 30:7)

여기에서 사용된 히브리어는 'אָסְרָה (אָסַר)' (아쓰라; 기본형-아싸르)이다. 원래의 의미는 '멍에를 메다, 혹은 밧줄 따위를 매다'이며, 그 밖에 자주 등장하는 용법으로, '(모든 차원에서) 단단히 묶다-속박하다, 단단히 매다, 잡다, 붙들어 두다, 감금하다(수감자), 굴레 하에 두다, 묶다' 등이 있다.

만일 과거에 맺은 맹세나 서원을 도저히 지킬 수 없다고 판단했다면, 우리는 서원이나 맹세로 인해 형성된 혼의 묶임을 반드시 파쇄해야만 한다. 서원(vow)이라는 주제에 관해서는 일반적인 이해가 거의 전무한 것이 사실이다. 그러나 이 문제는 몹시 중요한데, 특히 크리스천일 경우에는 더욱 그렇다.

서원하고 갚지 아니하는 것보다 **서원하지 아니하는 것이 더 나으니** 네 **입으로 네 육체가 범죄하게 하지 말라** (전 5:5-6)

서원은 매우 중대한 사안이다. 이 세상에 살아가는 사람을 두고 서원한 것보다 하늘을 두고 서원한 경우에는 문제가 훨씬 심각해진다. 민수기 30장은 다소 장황하게 서원에 관한 전반적인 내용을 언급하고 있다. 우리에게는 서원에 대한 이해가 턱없이 부족한 것이 사실이다. 그러나 서원에 대한 지식은 영적 전쟁을 위해 반드시 필요하며, 특히 사람(soul)의 영적 속박을 파쇄하는 일에 있어 매우 중요하다.

모세가 이스라엘 자손 지파의 수령들에게 말하여 이르되 여호와의 명령이 이러하니라 **사람이** 여호와께 **서원하였거나 결심하고** 서약하였으면[swear an oath **to bind his soul with a bond**] 깨뜨리지 말고 그가 입으로 말한 대로 다 이행할 것이니라 (민 30:1-2)

이 구절의 중요성은 두말할 나위가 없다. 결코 소홀히 다루어서는 안 될 말씀이다. 만일 사람이 서원하거나 맹세하였다면, **그의 혼은** 자신이 서약하거나 서원한 것을 완성 혹은 성취할 때까지 **묶이게 된다**. 여기에는 어떠한 예외도 없다.

신자들이 반드시 명심해야 할 한 가지 기본적인 원칙이 있다. **하나님도 스스로를 그분의 말씀 안에 묶어 두신다!**

내 언약을 깨뜨리지 아니하고 내 입술에서 낸 것은 변하지 아니하리로다 (시 89:34)

사람도 말로 **스스로를 묶는다**.

사람이 하나님이나 다른 사람에게 헌신하게 되는 것도 서원이나 약속을 통해서이다. 바로 이런 이유로 하나님은 우리에게 경고와 훈계를 말씀해 주셨다.

오직 너희 말은 옳다 옳다, 아니라 아니라 하라 이에서 지나는 것은 악으로부터 나느니라 (마 5:37)

미련한 자의 입은 그의 멸망이 되고 그의 입술은 그의 영혼의 그물이

되느니라 (잠 18:7)

사람은 '예' 라고 해야 할 때는 '예' 라고만 대답하면 되고, '아니요' 라고 해야 할 때는 '아니요' 라고만 대답하면 된다!

또 여자가 만일 어려서 **그 아버지 집에 있을 때에** 여호와께 **서원한 일이나** 스스로 결심하려고 한 일이 있다고 하자 그의 아버지가 그의 서원이나 그가 결심한 서약을 듣고도 그에게 아무 말이 없으면 그의 모든 서원을 행할 것이요 그가 결심한 서약을 지킬 것이니라 그러나 **그의 아버지가 그것을 듣는 날에 허락하지 아니하면 그의 서원과 결심한 서약을 이루지 못할 것이니 그의 아버지가 허락하지 아니하였은즉 여호와께서 사하시리라** 또 혹시 남편을 맞을 때에 서원이나 결심한 서약을 경솔하게 그의 입술로 말하였으면 그의 남편이 그것을 듣고 그 듣는 날에 그에게 아무 말이 없으면 그 서원을 이행할 것이요 그가 결심한 서약을 지킬 것이니라 그러나 **그의 남편이** 그것을 듣는 날에 **허락하지 아니하면** 그 서원과 결심하려고 경솔하게 입술로 말한 서약은 무효가 될 것이니 여호와께서 그 여자를 사하시리라 (민 30:3-8)

이 말씀은 우리에게 한 가지 분명한 사실을 보여 준다. 여자가 올바르지 못한 생각이나 모호한 사고를 가지고 서원한 경우, 그 이상한 행동을 하지 않을 방법이 있다. 그녀의 권위자가 서원을 취소해 주는 방법이다. 예를 들어 한 여인이 "죽었으면 좋겠다!"고 말했다거나,

혹은 "주님, 제발 지금 당장 저를 죽여 주세요!"라고 기도했다고 가정해 보자. 이때 그녀의 요구나 서원을 무효화하거나 취소할 수 있는 사람은 그녀의 남편이다.

민수기 30장 말씀에 두드러지게 부각되고 있는 메시지에 주목해 보자. 만일 여자가 아직 아버지의 권위 하에 있다면, 그녀의 아버지야말로 그녀가 말한 서원을 취소할 수 있는 힘을 가진 사람이다. 아버지로 인해 딸은 서원의 속박에서 벗어날 수 있으며, 하나님의 용서도 받을 수 있다. 만일 결혼한 여자라면, 그녀의 서원이나 서약을 무효화하거나 취소할 수 있는 사람은 남편이다. 남편으로 인해 아내는 서원이나 서약에 따른 영향력으로부터 자유롭게 될 수 있다.

과부나 이혼 당한 여자의 **서원**이나 그가 결심한 모든 서약은 지킬 것이니라 (민 30:9)

구약의 율법에 따르면 불행하게도 과부와 이혼녀에게는 서원을 무효화해 줄 사람이 없다. 그들은 서원한 것을 반드시 지켜야 한다. 누군가 그들의 서원을 취소시켜 줄 힘을 가진 사람이 나타나기 전까지는 말이다.

우리가 특히 눈여겨보아야 할 구절은 민수기 30장 8절이다. 딸을 위한 아버지의 중재, 아내를 위한 남편의 중재가 없다면, 서원한 여자의 혼은 묶이게 된다! 누군가가 현장에 나타나 권세와 힘과 애정 어린 관심을 가지고 그녀의 속박을 파쇄해 주기 전까지, 그녀는 계속해서 혼의 묶임 가운데 머물러 있을 수밖에 없다. 하나님을 찬양하라! 위대하신 하나님이 이러한 권세와 힘과 사랑을 가지고 예수 그리스도를 통하여 이 땅에 오셨다!

부녀가 혹시 그의 남편의 집에서 서원을 하였다든지 결심하고 서약을 하였다 하자 그의 남편이 그것을 듣고도 아무 말이 없고 금하지 않으면 그 서원은 다 이행할 것이요 **그가 결심한 서약**은 다 지킬 것이니라 그러나 그의 남편이 그것을 듣는 날에 무효하게 하면 그 서원과 **결심한 일**에 대하여 입술로 말한 것을 아무것도 이루지 못하나니 그의 남편이 그것을 무효하게 하였은즉 여호와께서 그 부녀를 사하시느니라 모든 **서원과 마음을 자제하기로 한 모든 서약**은 그의 남편이 그것을 지키게도 할 수 있고 무효하게도 할 수 있으니
(민 30:10-13)

우리는 이 본문이 전달하고 있는 분명한 메시지와 더불어, 남편에게 주어진 책임에 대하여 다시 한 번 주목하지 않을 수 없다. 남편에게는 아내의 서원을 듣고 무효화시키거나 또는 서원이 이루어지도록 허용할 책임이 있다. 민수기 30장의 메시지는 이후에 예수님을 통해 신자들에게 양도될 놀라운 권위를 예표하는 말씀이다. 마태복음 18장 1절 이하를 살펴보자.

그때에 제자들이 예수께 나아와…진실로 너희에게 이르노니 **무엇이든지 너희가 땅에서 매면** 하늘에서도 매일 것이요 **무엇이든지 땅에서 풀면** 하늘에서도 풀리리라 (마 18:1, 18)

문자 그대로 해석하면, 마태복음 18장 본문은 시제를 고려하여 다음과 같이 읽어야 한다. **무엇이든지 너희가 땅에서 매는 것은 이미 하늘에서도 매여 있다. 무엇이든지 너희가 땅에서 푸는 것은 이미 하늘에서도 풀려 있다.** 과연 이런 일이 어떻게 가능해지는 것일까. 우리가 성령의 인도함을 받아 하나님의 뜻에 맞게 매고 풀 때에 비로소 이 말씀은 진리가 되고 가능한 일이 된다. 성령께서 우리로 하여금 이미 하늘에서 이루어진 것과 동일한 행위를 하도록 이끌어 주셨기 때문이다.

예수님은 그분을 따르는 제자들에게 **속박을 매고 푸는** 권세(authority)를 주셨다. 이는 아버지와 남편이 딸이나 아내를 위해 서원을 취소하거나 서원의 속박에서 풀어 줄 수 있었던 것과 동일한 이치이다. 제자들에게 주어진 권능은 앞으로 그리스도의 신부가 될 사람들이 경험하게 될 속박을 파쇄하고 무효화하는 능력이었다.

신랑이신 예수님은 우리에게 남편과 아버지의 권위를 행사할 수 있는 자격을 부여해 주셨다. 그리스도의 신부가 될 사람에게 고통을 가져다줄 온갖 자기 파괴적인 소원이나 계획, 속임수를 무효화할 수 있게 해 주신 것이다. 사실상 예수님은 아버지나 남편에게 부여된 것보다 훨씬 더 위대한 기름부음을 가지고 이 땅에 오신 하나님이다. 예수님은 법적으로 '기업을 무를 만한 구속자(kinsman redeemer)'가 없어서 속박 가운데 있는 사람들을 자유롭게 해방시키러 오셨다. 예수님은 사역을 시작하시면서 다음과 같이 선포하셨다.

주의 성령이 내게 임하셨으니 이는 가난한 자에게 복음을 전하게 하시려고 내게 기름을 부으시고 나를 보내사 **포로 된 자**에게 자유를, 눈먼 자에게 다시 보게 함을 전파하며 눌린 자를 자유롭게 하고
(눅 4:18)

예수님이 여기서 언급하신 포로들이란 당시 헬라적인 상황으로 볼 때, 실제로 **전쟁 포로들**을 의미한다! 이 얼마나 정확한 표현인가. 영적 전쟁이라는 관점에서 보면, 이 포로들은 바로 속박의 사슬에 매인 사탄의 포로들이다!

거역하는 자를 온유함으로 훈계할지니 혹 하나님이 그들에게 회개함을 주사 진리를 알게 하실까 하며 그들로 깨어 마귀의 올무에서 벗어나 하나님께 **사로잡힌 바 되어** 그 뜻을 따르게 하실까 함이라
(딤후 2:25-26)

뉴킹제임스 성경(New King James Version)은 본문의 마지막 구절을 '그의 뜻을 행하도록 사로잡힌 바 되어(taken captive to do his will)'로 번역하였다. '그의 뜻을 행하도록'이라는 구절에서 우리는 영적인 세계의 기능에 대한 매우 심오한 계시를 얻을 수 있다. 사탄은 하나님의 백성들을 유혹하기 위해 덫을 놓는다. 하나님의 백성들을 포로로 만드는 것이 사탄의 뜻(will)이요 소원(desire)이다. 하나님의 종들은 스스로 최선의 유익에 상반되는 일을 저지름으로써 '스스로 대적하는 자들'을 부드러운 마음으로 바로잡아 주고 가르쳐

야 한다.

이 구절에는 두 가지 관점이 있으며, 두 가지 해석이 가능하다. 한 가지 해석은 우리가 익히 알고 있는 바와 같다. "사탄은 우리가 하나님의 군대에서 섬기지 못하게 하려고, 혹은 하나님의 뜻을 따라 행하지 못하게 하려고 우리를 포로로 잡고 있다."

한편 이와는 정반대의 해석도 가능하다. "포로들로 하여금 문자 그대로 사탄을 섬기도록 하며, 사탄의 명령에 실제로 순복하게 만드는 것"이다. 이는 뉴킹제임스 성경 역본이 제안한 바와 일치하는 것으로, 한 차원 높은 사탄의 목표이기도 하다. 사람들 중에는 사탄의 온갖 책략에 속아 넘어가 실제로 사탄을 섬기고 있는 자들도 있다. 이들 중 어떤 사람들은 의식적으로 사탄의 힘을 끌어들이거나 초청하기도 한다. 자신이 사탄을 섬기고 있다는 사실을 모르는 채 동일하게 사탄의 일에 참여하고 있는 것이다.

그 밖에 혼의 묶임을 만들어 내는 함정으로 중독이 있다.

■ 중독에 의한 혼의 묶임(addiction soul-ties)

헤로인 중독자 혹은 기타 약물 중독자에게서 나타나는 양상은 흥미롭게도 혼의 묶임이라는 굴레에 사로잡힌 사람의 경우와 동일하다. 중독자는 자신의 '욕구'를 채워 줄 수 있는 '친구'에게 의존한다. 일단 중독에 걸려든 사람은 자신의 욕구를 만족시키는 일에 더 주력하기 마련이다. 도덕성에 대한 관심, 혹은 사람이나 하나님께 대한 의무를 행하는 일에 대한 관심은 뒷전으로 밀린다.

마찬가지로 극심한 혼의 묶임에 사로잡힌 사람들은 자신들의 욕구(perceived needs)를 '충족시켜 주는 사람(supplier)'에게서 헤어 나오는 일이 거의 불가능하다. 여기서는 설명을 위해 마약의 경우를 예로 들었으나, 갈망과 의존, 중독을 일으키는 원인으로는, 의사의 처방전을 필요로 하는 약이나 담배, 알코올, 섹스, 달콤한 것 등 매우 다양하다.

그렇다면 무생물 혹은 인간 이외의 대상과의 혼의 묶임이 과연 가능할까? 물론 가능하다. 우상이나 동물, 혹은 특정 장소에 대해 애착을 갖게 될 때 혼의 묶임이 발생한다.

■ 우상숭배로 인한 혼의 묶임 (soul-ties of idolatry)

영적으로 간음을 행하는 사람이란, 우상과 불경건하게 결속된 사람이요 우상을 섬기는 장소에 가는 사람을 일컫는다. 물론 정의상으로 보면 온갖 종류의 부정적인 혼의 묶임은 본질상 귀신과 연관되어 있다. 그러나 몇몇 특정한 혼의 묶임은 귀신들(demons)과의 직접적인 관계를 통해 이루어진다.

너는 나 외에는 다른 신들을 네게 두지 말라 (출 20:3)

하나님의 명령을 어기고 거짓된 우상을 섬기기로 선택하는 것은,

그 우상 혹은 그 우상이 상징하는 거짓된 신(귀신)과의 혼의 묶임을 불러들이는 일이나 마찬가지이다.

그런즉 내가 무엇을 말하느냐 **우상의 제물**은 무엇이며 우상은 무엇이냐 무릇 이방인이 제사하는 것은 **귀신에게 하는 것**이요 하나님께 제사하는 것이 아니니 나는 너희가 **귀신과 교제하는 자가** 되기를 원하지 아니하노라 (고전 10:19-20)

바울은 여기에서 다음의 사실을 분명하게 경고하고 있다. 우상에게 제물을 바치는 것은, 우상의 배후에 있는 혹은 우상으로 상징되는 마귀(귀신)에게 제물을 바치는 것과 같다. 따라서 우상에게 제사하는 것은 결국 귀신과 교제하는 것이다. 이 말씀은 귀신과의 혼의 묶임을 피하라는 강력한 경고의 메시지이다.

신비한 힘과 관련하여 노골적으로 행해지는 주술 의식에서, 마녀들은 자발적으로 자신을 귀신에게 묶거나 귀신을 자신에게 묶는다. 이들은 보다 큰 능력을 얻기 위해 이런 일을 행한다.

한번은 우리가 여성들 몇 명을 주술에서 구출해 낸 일이 있는데, 이 여성들은 불과 연기와 피를 통해 자신들을 판(Pan)이라는 목양신(牧羊神) 및 유사한 귀신들에게 묶어 둔 자들이었다. 그들이 이렇게 한 이유는, 자신들과 묶여 있는 귀신들을 그들이 두려워하는 더 큰 세력을 가진 귀신들로부터 보호하고, 능력도 얻기 위함이었다.

부모들이 연기(향)나 음식, 꽃 등을 우상의 제단 혹은 신전에 바침으로, 자녀들의 혼을 남신과 여신의 우상에게 바치는 경우도 있다.

제단 위에 올려놓은 아기들 위로 연기가 지나간다. 이런 식으로 아이들이 힌두교와 불교의 다양한 우상들에게 바쳐지고 있다.

우상에게 바쳐진 결과가 아이들의 삶에 미치는 영향은 극적이면서도 비극적이다. 이런 아이들은 기형이나 장애아, 혹은 눈이 멀거나 말 못하는 사람이 될 경우가 많다. 그러나 부모가 자신의 죄를 회개하고 예수의 이름으로 자녀를 위한 축사를 요청하였을 때, 그 아이들은 속박에서 구출되었다. 이런 아이들의 자유케 되는 모습을 지켜보는 것은 너무나도 기쁜 일이다.

사람은 사물과도 혼적인 애착 관계에 빠질 수 있다. 우상숭배가 이루어지는 방식은 매우 다양하다. 동물에 대해서든, 사람에 대해서든, 아기에 대해서든, 도가 지나친 애정을 품는 것은 무엇이든 우상이 될 수 있다.

열왕기하 18장 4절에 나오는 느후스단은 원래 하나님이 만드신 유익한 것이었다. 그러나 그것을 바라보는 사람들의 생각이 왜곡되면서 우상으로 전락하고 말았다. 마찬가지로 어떤 혼의 묶임은 처음에는 유익한 것이었을 수 있다.

예를 들어, 결혼이나 부모와 자식 간의 결속, 요나단과 다윗의 우정처럼 말이다. 출발은 모두 좋았을지라도 결국 타락하거나 제한적인 것으로 변할 수 있으며, 작은 소녀 요정(little girl spirit)의 경우처럼 아이의 성장을 방해할 수도 있다. 흔히 일어나는 혼적 애착 관계의 예는 다음과 같다.

① 장소: "나는 내 마음을 샌프란시스코에 두고 왔어. 나의 일부

를 그곳에 남겨 두었지….”

특정 장소에 대해 비정상적이고 감상적인 애착을 가지고 있으나 그곳에 갈 수 없을 때, 사람은 우울해지거나 슬퍼지거나 의기소침해진다. 이는 특정 상황에 대해서도 마찬가지이다. 비탄(grief)이 비정상적으로 장기화되는 상황, 슬픔(sadness)의 감정에 지나치게 집착하는 상황, 야곱처럼 위로받기를 거부하는 상황 등을 예로 들 수 있다.

나의 영혼이 번민하고 종일토록 마음에 근심하기를 어느 때까지 하오며 내 원수가 나를 치며 자랑하기를 어느 때까지 하리이까
(시 13:2)

② 사물, 무생물: "난 나의 소총을 좋아해. 나는 내 콜벳 차를 좋아해. 나는 내 컴퓨터를 좋아해. 나는 내 집을 좋아해. 나는 내 행운의 셔츠를 좋아해."

③ 동물: 모든 애완동물, 개에 대한 맹목적인 사랑, 고양이에 대한 맹목적인 애정, 말 따위의 동물을 향한 감정적 집착. 애완동물에 대해 과도한 애정을 표현하는 사람들이 있다. 집 나간 새끼 고양이를 찾기 위해 천 달러 이상의 비용을 지출한다면 이는 분명 정상적인 모습이 아니다. 그러나 이런 일은 실제로 일어나고 있다.

현재 우리는 비정상적인 애정의 실제적인 예를 살펴보고 있다. 그런데 이제까지 나만의 독특한 가르침이자 개념이라고 생각한 것을 이미 바울이 언급했다는 사실을 알게 되었다.

위의 것을 생각하고 땅의 것을 생각하지 말라 이는 너희가 죽었고 너희 생명이 그리스도와 함께 하나님 안에 감추어졌음이라…그러므로 땅에 있는 지체를 죽이라 곧 음란과 부정과 사욕과 악한 정욕과 탐심이니 탐심은 우상숭배니라 (골 3:2-3, 5)

■ **당신은 무엇을 두려워하는가?**

"우리가 두려워하는 것이 우리의 신이 된다."는 말이 있다. 매우 합당한 표현이다. 이와 동일한 원리로, 우리의 두려움을 제거하기 위한 것도 무엇이든 우리의 신이 될 수 있다. 많은 사람들이 돈을 숭배하고 우상화한다. 돈이 가난에 대한 공포를 없애 주거나 가난의 고통을 덜어 주기 때문이다. 어떤 이들은 아픔이나 질병, 죽음에 대한 두려움을 누그러뜨려 주는 의사를 숭배한다. 그러나 어떤 두려움이 공격해 오더라도, 우리의 해결책은 오직 예수 그리스도 한 분이어야 한다. 우리가 바라보아야 할 대상은 사람이 아니라 오직 하나님 한 분뿐이다.

여호와께서 이와 같이 말씀하시니라 무릇 **사람을 믿으며** 육신으로 그의 힘을 삼고 **마음이 여호와에게서 떠난 그 사람은 저주를 받을 것이라** (렘 17:5)

성경은 분명히 말한다. 하나님 이외의 다른 근원을 찾는 것, 특히 사람을 찾는 것은 결국 하나님을 떠난 것이라고 말이다. 이러한 사상을 언급하는 성경 구절은 헤아릴 수 없이 많다.

여호와께 피하는 것이 사람을 신뢰하는 것보다 나으며 여호와께 피하는 것이 고관들을 신뢰하는 것보다 낫도다 (시 118:8-9)

사악한 혼의 묶임의 중심에 일종의 두려움이 자리하고 있는 경우가 많다. 성경은 죽음에 대한 공포야말로 인간의 삶을 통제하는 가장 강력한 힘이라고 말한다. 히브리서는 다음과 같이 말씀하고 있다.

자녀들은 혈과 육에 속하였으매 그도 또한 같은 모양으로 혈과 육을 함께 지니심은 죽음을 통하여 죽음의 세력을 잡은 자 곧 마귀를 멸하시며 또 **죽기를 무서워하므로** 한평생 **매여 종노릇 하는** 모든 자들을 놓아 주려 하심이니 (히 2:14-15)

죽음에 대한 공포는 보통 불안과 관련된 질병(ailment)을 가져온다. 어린아이는 어른에게 필사적으로 매달린다. 어른의 태도가 믿음직스럽지 못하거나 일관성이 없을 때, 아이는 생명을 잃을지도 모른다는 두려움에 쉽게 사로잡히게 된다. 이러한 어린 시절의 두려움은 결국 나중에 성인기의 두려움으로 바뀐다. 성인들이 겪는 고통의 종류는 매우 다양하다.

- 새로운 상황에 접할 때마다 느끼는 불안감(anxiety)
- 당혹스러움(embarrassment)
- 거절당할 것에 대한 두려움
- 미래, 질병, 가난, 재난에 대한 두려움
- 신경과민(nervousness)

이럴 때 두려워하는 사람의 상황을 이해하는 성인 친구나 동료, 그 밖의 권위적 인물이 그를 그대로 수용해 주거나, 세상적인 지식 혹은 영적인 상담을 통해 그에게 안정감을 제공해 줄 수 있다. 이들은 긍정적인 혼의 묶임으로 이끄는 자들이다. 이들을 통해 불안을 느끼는 사람은 '형제보다 친밀한' 진정한 친구이신 예수님께 인도 받을 수 있다.

그러나 그 인물이 상대방을 통제하려고 한다거나, 혹은 상대방의 지나친 의존증을 거절하지 않게 되면, 불안을 느끼는 사람은 두려움으로 인해 상대방과 해로운 혼의 묶임의 관계에 빠져들 수 있다.

죽음에 대한 두려움을 가진 사람은 남을 통제하려 들거나 비정상적으로 남에게 의존하는 모습을 보인다. 또한 파도처럼 넘실대는 두려움을 없애 줄 수 있을 것 같은 대상에게 쉽게 빠져든다. 이들과 불경건한 혼의 묶임을 형성할 가능성이 높은 대상으로는 다음의 경우를 예로 들 수 있다. 심지어 분별 있는 크리스천이라는 사람들도 여기에 해당된다.

① 의사 및 기타 '건강 전문가'

② 변호사

③ 목회자

그 밖에 분별력이 없는 사람들 혹은 비 기독교인들이 주로 빠져드는 대상으로는 다음의 경우가 있다.

④ 도사(gurus), 사교의 지도자

⑤ 심령술사(psychics)

⑥ 신비 사술을 행하는 사람(occult practitioners)

하나님은 사랑이시다. 두려움에 대한 해답은 바로 사랑이다. 예수님께서는 자주 "두려워하지 말라!"고 말씀하셨다. 성경은 우리에게 다음의 말씀을 일깨워 주신다. "만일 하나님이 우리를 위하시면 누가 우리를 대적하리요?"(롬 8:31)

사랑 안에 두려움이 없고 온전한 사랑이 두려움을 내쫓나니 두려움에는 형벌이 있음이라 (요일 4:18)

죽음의 두려움(fear)에서 벗어난 사람은 이제 더 이상 아무것도 두려워하지 않게 된다.

또 우리 형제들이 어린 양의 피와 자기들이 증언하는 말씀으로써 그를 이겼으니 그들은 **죽기까지 자기 생명을 아끼지 아니하였도다**

(계 12:11)

　　재정 혹은 신체적인 도움을 주면서 통제하는 인물이 없으면 잘 살아가지 못하는 사람 안에 두려움(fear)이 생기는 경우가 많다. 자신 때문에 통제하는 인물이 죽을지도 모른다는 두려움은 또 하나의 변형된 두려움이다. 부모가 자녀에게 죽음의 두려움(fear)을 무기로 사용할 수도 있다. "네가 만일 이 일을 해 주지 않으면, 나는 죽을지도 몰라." "네가 이사 가 버리면 난 죽을지도 몰라." "네가 만일 …하면 나는 죽을지도 몰라."

　　이러한 위협은 다양하게 위장된 모습으로 나타날 수 있다. 28년간 목회하면서, 우리는 우리 부부나 우리의 목회, 우리가 경영하는 기독교 사업을 통제할 목적으로 의도적인 조종과 주술을 시도하는 수많은 사람들을 만났다. 아주 다양한 방법으로 우리 부부를 자기들의 속박 가운데 묶어 두려 했던 사람들도 있었다. 우리 부부에게 극악무도하고도 뻔뻔스럽게 주술을 시도했을 때에는, 정말이지 아연실색하지 않을 수 없었다.

■ 자살 협박을 통한 조종(manipulation) 미수

　　메리는 우리의 영적 친구로 오랫동안 우리와 친하게 지내고 있다. 그녀는 우리 기도 모임에서 구원과 성령 세례(침례)를 받았다. 어느 날 메리가 엘라라는 한 여성을 나에게 데려왔다. 그때 나는 우리

서점에 있었다. 메리나 엘라는 모두 삼십대 후반이었다.

그들이 나에게 왔을 때, 엘라는 마치 집을 잃고 방황하는 조그만 강아지처럼 행동했다. 나는 직감적으로 그녀가 뭔가 좋지 않은 일을 꾸미고 있다는 사실을 눈치챘다. 그래서 아무에게도 방해받지 않는 곳에서 이야기를 나누자며 창고 뒤쪽으로 갔다. 엘라는 애처롭고도 멍한 표정으로 책 상자 위에 앉아 기다리고 있었다. 메리가 말문을 열었다. "불쌍한 엘라! 엘라는 지금 무척이나 혼란스러워하고 있어요. 엘라가 저에게 말했어요. 만일 당신이 그녀를 이 서점의 점원으로 고용해 주시지 않으면 자살할지도 모른다고요."

나는 잠시 숨을 가다듬었다. 참으로 뻔뻔하기 짝이 없는 주술과 조종의 충격에서 헤어 나와 정신을 차린 뒤, 나는 메리에게 다음과 같이 말했다. "자, 메리. 자네가 이야기한 것에 대해 한 번 생각해 보세. 자네가 말한 이유로는 도저히 엘라를 고용할 수가 없네. 만일 내가 그녀에게 싫어하는 일이라도 시킨다면, 아마도 그녀는 또 자살하겠다고 나를 위협할 거야. 뿐만 아니라 이것이 주술이라는 걸 이미 자네도 잘 알고 있지 않나." 만약 우리가 이런 상황에 그대로 굴복하고 말았다면, 우리는 엘라의 불안을 두려워함으로 말미암아 혼의 묶임이 형성되었을지도 모른다.

메리의 얼굴은 창백해졌고 너무 놀라 할 말을 잃었다. 그러다가 불쑥 이렇게 외쳤다. "오, 이런! 당신 말이 맞아요. 이건 주술이에요. 무슨 일이 있어도 그녀를 고용해서는 안 돼요."

그 후 20년이 지났다. 메리는 지금도 그녀의 교회에서 상담과 축사 사역에 힘쓰고 있다. 이런 메리도 한때는 엘라의 이야기에 속아

넘어갔다. 주술은 처음에는 아주 교묘하고 호소력이 있을 뿐 아니라, 심지어 논리적이기까지 하다. 주님은 우리로 하여금 이런 일에 대처할 수 있게 하시려고, 하나님의 지혜 안에서 영들을 분별하는 초자연적인 은사를 주셨다(고전 12:10). 주님은 우리에게 영들이 하나님께 속하였는지 시험해 보라고 교훈하셨다(요일 4:10).

신령한 자는 모든 것을 판단하나… (고전 2:15)

■ 비탄(grief)으로 인한 혼의 묶임

비탄(grief)으로 인한 혼의 묶임은 사랑하는 이나 친한 친구, 친척 등을 죽음으로 떠나보내게 되었을 때 흔히 발생한다. 특히 죽음이 예기치 못한 것이었거나 갑작스럽게 찾아왔을 때, 혹은 죽음의 자리에 함께 있었을 경우에 더욱 그러하다.

비정상적인 비탄의 뿌리에는 주로 죄책감이 자리하고 있다. 예를 들어 다음과 같은 표현을 살펴보자. "고인을 위해 더 많은 것을 해 주었어야 했는데…." 혹은, "어쩌면 내가 그의 죽음을 막을 수 있었을지도 몰라…." 이런 유형의 사고는 특히 고인이 자살로 목숨을 잃은 경우에 주변 사람들에게서 쉽게 찾아볼 수 있다.

유대 문화에서 슬픔과 애도의 기간은 일반적으로 7일 혹은 30일이었다. 요셉과 그의 형제들은 야곱의 죽음을 7일간 애도했고, 이스라엘 백성들은 모세의 죽음을 30일간 애도했다.

비탄이 일반적인 기간을 넘어 비정상적으로 장기화된다면, 우리는 이를 철저히 거부하고 꾸짖고 떨쳐 버려야 한다. 그렇지 않으면 죽은 사람과의 혼의 묶임으로 발전할 수 있다. 비탄을 시기적절하게 다루지 못할 경우, 죽음을 애도하는 남은 자에게는 어김없이 죽음의 영이나 죽음의 소원, 자살의 영이 틈탄다.

의무감으로 인한 묶임이나 두려움으로 인한 속박 때문에, 죽은 친척과 혼적으로 묶일 수도 있다. 이를테면, 관 속에 누워 있는 할아버지를 지켜본 경우, 혹은 임종 직전의 할아버지의 얼굴에 작별 키스를 강요당한 경우이다. 악몽을 꾸거나 한밤중에 환영이 보인다면, 이미 혼의 묶임이 이루어졌다는 증거이다.

자녀의 죽음에 너무 상심한(heartbreak) 나머지, 혹은 기타 비극적인 일로 결국 세상을 뜨게 된 조상들의 이야기를 들어 보았을 것이다. 이런 사건은 오늘날에도 여전히 일어나고 있다. 과도한 비탄(grief) 혹은 장기화된 비탄은 무기력, 절망, 상심, 죽음을 가져온다. 비탄으로 인해 이미 고인이 된 사랑하는 이와 혼적으로 묶였을 경우, 보통 심장 부위에 통증이 느껴지는데, 이것을 심장 질환으로 오인하는 경우도 있다.

목회자들은 이런 유형의 혼의 묶임이 낙태를 경험한 여성들에게서 빈번히 나타난다는 것을 발견하게 되었다. 이런 여성들은 죄책감으로 죽은 아이와 혼적으로 묶여 있을 뿐 아니라, 격렬한 낙태 반대 혹은 폭력적인 낙태 반대 행위로 과잉 보상하려는 경향이 있다.[2]

낙태의 영(spirits of abortion)에 맞서 싸우지 않는 여성은 자살

---

[2] 나는 이런 여성 중 한 명으로부터 언어 공격을 받은 일이 있다. 심지어 그녀는 그 당시 내가 쓴 『낙태, 그 이후를 위한 사역(Ministering to Abortion's Aftermath)』(Impact Christian Books, 1974)이라는 책도 거들떠보지 않았다.

과 같은 또 다른 죽음의 영에 쉽게 노출된다. 죽은 사람과의 혼의 묶임이 '죽은 사람과의 교감(communion)'으로 진전되는 경우도 있다. 죽은 이가 옆에 있는 것처럼 느껴지거나 자주 꿈이나 환상으로 나타난다.

언젠가 순수한 인디언 혈통을 가진 여성이 축사를 받기 위해 나를 찾아왔다. 우리가 그녀를 위해 사역을 하는 동안, 이미 고인이 된 그녀의 호피 족 할아버지가 손녀인 그녀를 통해 말도 하고 주문도 읊었다. 그녀는 부족의 주술사였던 할아버지를 숭배하라는 교육을 받았다는 이야기를 해 주었다. 그녀와 할아버지가 혼적으로 묶인 것도 바로 이런 이유 때문이었다.

귀신들(demons)이 종종 죽은 친척의 모습으로 나타나기도 한다. 귀신들이 친척의 얼굴로 변장하고 나타나는 경우가 있는데, 이는 강신술 집회에서와 같이 속임수를 쓰거나 환생의 믿음을 조장하기 위해서이다. 또 축사할 때 나타나기도 하는데, 이는 친척 혹은 조상의 영이 대물림된 경우이다. 조상의 죄책과 저주가 세대 간에 대물림된다고 할 때, 사람을 가장한 귀신들이 대물림될 수 있다는 사실은 결코 놀랄 만한 일이 아니다.

어느 남자 대학생이 축사를 받으러 온 적이 있다. 나의 기도실에서 그는 자신의 생활이 거의 비정상적이라고 말했다. 아침에 학교에 가서 집으로 돌아올 때까지 줄곧 도서관 책장 뒤에 숨어 있다가 나올 정도였다. 그는 자신에 대해 이렇게 말했다. "도저히 정상적인 대학생의 행동으로는 보기 힘들다는 걸 잘 알고 있어요."

나도 그의 말에 동의했다. 우리는 그를 위해 귀신을 축사하기 시작했다. 어느 시점에 이르자, 그가 할머니 목소리로 말하기 시작했다. 분명 그 목소리는 젊은 남성의 것이 아니라 나이든 여성의 목소리였다. 잠시 후에는 그의 어머니의 목소리로 말했다. 몇몇 숙모들도 그를 통해 말했다. 그의 인격(혼) 안에 이러한 실체들(entities)이 들어오게 된 것은 바로 혼의 묶임 때문이었다. 그가 처음에 우리에게 도움을 받으러 왔을 때, 그는 마치 나약한 여성처럼 보였다. 이미 그 안에 이처럼 많은 여성적 실체들이 들어 있었으니, 그가 그토록 나약해 보인 것도 사실 그다지 놀랄 만한 일은 아니다. 그는 그때까지 아무리 노력해도 이들 부당한 여성적 영향력들을 떨쳐 버릴 수가 없었다.

게으름과 두려움 때문인 경우도 있지만, 그의 경우에는 이미 조상에게서 물려받은 영이 그의 안에 자리잡고 있었다. 때로 우리는 남들이 우리 삶을 휘두르게 방치하거나, 우리 대신 결정을 내리도록 허용한다. 우리 스스로 결정해야 한다는 것을 잘 알고 있으면서도 말이다.

몇 번의 축사 사역을 통해 우리는 그 남학생에게서 대략 200마리의 귀신을 쫓아냈다. 이후에 그는 자기 집에서 600마리의 귀신을 더 쫓아냈다고 했다. 현재 그는 결혼하여 일곱 자녀의 아버지가 되었고, 교회에서도 열심히 봉사하고 있다.

이상의 두 가지 사례는 숭배(reverence), 두려움, 경외, 경배, 자신의 책임을 인정하지 않으려는 의존증 등 혼의 묶임 및 귀신이 틈타는 빌미가 되는 몇 가지 명백한 요인들을 보여 준다.

젊은 인디언 여성의 경우, 주술사였던 할아버지를 숭배하라는 가르침이 귀신들이 침입하는 발판이 되었다. 젊은 남학생은 늘 의존적인 존재로 남아 있으려 했다. 온갖 종류의 종교적 과실이나 거짓된 경배는 귀신들이 침입하는 중대한 빌미가 될 수 있다.

■ 자기 자신과의 혼의 묶임

실제로 부모를 잃었거나, 부모의 사랑을 잃어버렸다고 느끼며 고통 받는 아이는 자기 자신과의 혼의 묶임을 발전시킬 가능성이 크다.

사별, 이혼, 질병, 장기간에 걸친 헤어짐, 소홀히 여겨짐, 거절당함, 입원 등 상황은 다양하다. 이런 아이는 작은 소녀 요정 혹은 작은 소년 요정을 받아들인다. 이는 결국 아이의 정서적 성장에 지장을 초래한다. 아이는 상실을 경험하기 이전에 가지고 있던 자신의 일부와 내적인 혼의 묶임을 형성한다. 또는 상상으로 만들어 낸 행복하고 사랑받는 이상화된 아이나, 아이의 삶의 공허를 메워 줄 상상 속의 부모와 혼의 묶임을 형성한다.

현실 속의 아이는 비탄(grief)에 빠진 상태로 살아간다. 왜냐하면 실제로는 상상 속의 행복한 아이와 떨어져 살고 있거나, 상상 속의 부모가 자기 옆에 없기 때문이다. 자신과의 혼의 묶임에서 이루어지는 작용은 실제의 인물과의 혼의 묶임에서 나타나는 것과 거의 흡사하다.

여기에 연루된 어린 소년나 소녀들은 대체로 좀처럼 성장하지 않으려 하거나 책임을 회피하려 든다. 이들은 가능하면 어린아이 혹은 아이 같은 모습으로 머물러 있으려 한다. 삶의 어려운 국면에서 면제 받으려 하고, 사람들도 이들에게서 많은 것을 기대하지 않는다. 이들은 단순히 의존적인 존재로 머물러 있다. 그러나 의존증이야말로 혼의 묶임을 초래하는 중요한 단서 중 하나이기에, 특히 이런 아이들이 처한 상황은 취약하다.

심한 경우에는 아이가 하나 이상의 '분신 자아(alter-ego)'를 만들어 낸 뒤, 이들에게 정체성을 부여하고 각각을 구별하기 위해 이름까지 붙여 주는 경우도 있다. 이를 가리켜 다중 인격(multiple personalities) 혹은 "분신(alters)"이라고 한다. 우리는 축사를 통해 이것들이 쫓겨 나가는 것을 실제로 목격하였다. 결국 그 사람은 극적으로 변화되었다.[3] 우리는 다음 사실을 반드시 기억해야 한다. 귀신들은 임신된 순간부터 사람의 혼을 파괴시키고자 안간힘을 쓴다!

여호와 내 하나님이여 주께 피하오니 나를 쫓아오는 모든 자들에게서 나를 구원하여 내소서 건져 낼 자가 없으면 그들이 사자같이 나를 찢고 뜯을까 하나이다 (시 7:1-2)

이 말씀은 갈기갈기 찢기고 파괴된 혼의 상황이 얼마나 위태로운가를 잘 보여 준다. 뿐만 아니라 문제의 해결책도 제시해 준다. 해결책은 바로 구원(혹은, 축사; deliverance)이다.

사탄은 혼의 일부를 제거하거나, 일부가 삭제된 혼을 다시 재배치한다. 사탄이 이렇게 하는 목적은 한 가지이다. 혼의 빈자리를 다

---

3) 다중 인격 안에 혼의 묶임이 어떻게 존재하고 있는가를 잘 보여 주고 있는 한 통의 편지를 부록에 첨부하였다.

른 무엇, 곧 귀신(demon)으로 대체하기 위함이다(참조; 엡 4:27). 이는 그 사람 안에 '거점(place)'을 확보하기 위한 사탄의 또 다른 책략이요 수단이다. 사탄은 사람이 혼적으로 묶이는 것을 너무나 좋아한다. 그래야 그 사람이 하나님의 부르심에 순종하지 못하게 되고, 스스로 하나님의 부르심에 응답할 만한 자격이 없거나 부적격자라고 느끼게 될 것이기 때문이다.

■ 경건한 혼의 묶임을 변질시키는 사탄

우리는 성적인 죄로 타락한 목회자들의 이야기를 자주 접한다. 안타까운 일이 아닐 수 없다. 이미 너무나 보편화된 이러한 현상을 이해하고 설명함에 있어, 혼의 묶임에 관한 진리가 도움이 된다. 한 여성을 도와주려는 남성, 젊은 이혼녀를 상담하는 목회자 등 이런 상황 가운데 혼의 묶임이 쉽게 발생한다.

여성 쪽에서는 의존(dependency)으로 인한 혼의 묶임이 있을 수 있다. 또 경건한 지혜와 도움을 제공하는 사람을 마치 남편의 부재로 인해 생긴 공허를 메워 주는 남성 상대자 혹은 머리(head)로 여김으로써, 혼의 묶임이 형성되기도 한다. 이것이야말로 혼의 묶임에 대해 이 여성이 가진 최고의 취약성이다. 물론 이외에도 더 많은 요인들이 있을 수 있다.

남성 쪽에서 보면, 가족적인 혼의 묶임이 형성될 수 있다. 예를 들어, 딸에 대한 아버지, 누이에 대한 오라버니, 성도에 대한 목회자,

제자에 대한 스승, 혹은 친구 대 친구의 관계처럼 말이다.

그러나 만일 남성, 특히 목회자가 주의를 게을리할 경우(또는 혼의 묶임이 이루어질 위험성에 대한 아무런 의식도 없을 때), 자칫 잘못하여 경계를 넘어갈 소지가 다분하다. 일단 선을 넘게 되면, 그는 경건한 관계에서 뭔가 특별한 관계로 발전되도록 허용한다. 이것이 위험한 이유는 기본적으로 형성되어 있던 사랑에 기초한 묶임마저 육적인 것으로 변질될 수 있기 때문이다. 이로 인해 친구 대 친구의 관계가 애인 대 애인의 관계로 바뀐다. 그러나 혼의 묶임에 관한 지식이 있을 때, 우리는 선을 넘지 않도록 경계 태세를 취할 수 있다. 다시 한 번 말해 둔다. 유비무환(有備無患)이다!

윈 월리(Win Worley) 목사는 자칭 '유익한 혼의 묶임 파쇄자' 라고 일컫는 귀신과 대면하여 이를 축사한 일이 있다. 사탄은 유익한 혼의 묶임을 무조건 방해하고, 어떻게 해서든 이를 깨뜨리려고 온갖 시도를 한다. 특히 결혼을 통한 혼의 묶임이나 그리스도의 몸 가운데 이루어지는 혼의 묶임에 대해 더욱 극성을 부린다. 월리 목사에 따르면 '유익한 혼의 묶임을 파쇄하는 영'과 동역하거나 그의 수하에 있는 귀신의 종류는 일곱 가지라고 한다. 이는 거절에 대한 두려움의 영, 상처에 대한 두려움의 영, 기만의 영, 의존의 영, 불신의 영, 증오의 영, 질투의 영들이다.

엄연히 존재하는 부정적인 혼의 묶임에 대해 무지하거나, 관계 가운데 부적절한 선택을 하거나, 혹은 애정의 대상을 잘못 찾았을 때, 우리는 견고한 속박에 빠져들게 된다. 어쩌면 당신은 이제까지 언급한 여러 가지 함정에 당신이 빠져 있는 것은 아닌지 확신이 잘

서지 않을 수도 있다.

    다음 장에서는 불경건한 혼의 묶임의 덫에 걸려 있는 사람들에게 일반적으로 나타나는 증상에 대해 살펴보려고 한다. 이 정보를 당신의 혼의 상태를 평가하는 진단 도구로 사용하길 바란다.

제4장
불경건한 혼의 묶임이 갖는 부작용
(Side-Effects of Unhealthy Soul-Ties)

부정적인 혼의 묶임으로 파생되는 증상들을 보면서 두 가지 절박한 위기의식을 느낀다. 우선, 한 사람의 삶에 존재하는 불건전한 혼의 묶임으로는 무엇이 있는지 속히 정의 내려야 한다는 것이고, 또 하나는 이와 같은 불건전한 혼의 묶임으로부터 속히 자유케 되어야 한다는 것이다.

그릇된 사람과 혼적으로 묶여 있는 사람에게서 특정한 형태의 부작용이 공통적으로 관찰되었다. 예를 들면 다음과 같다.

1. 개성과 자신감 상실
다른 사람과의 관계라는 관점에서 자신을 바라보려는 경향이 있어서 필연적으로 열등감과 자신감 결핍이 수반된다.

2. 결정에 필요한 명료한 사고 상실
결정을 내리는 일에 주저한다(double-mindedness). 결정할 능력이 없거나 결정 내리기를 회피한다.

3. 평안의 상실
특히 다른 사람 옆에 있으면 두려움, 근심, 걱정에 휩싸이고 초조

해진다. 늘 다른 이를 즐겁게 해 주어야 할 것 같은 중압감이나 스트레스를 느낀다.

4. 타인을 진정으로 사랑할 수 있는 능력 상실
분노(anger)와 원한(resentment)에 사로잡혀 있다.

5. 영적 해방감과 개인적인 자유 상실
죄책감과 정죄감이 수반된다.

늘 숨 막히고 억눌린 느낌이 있다. 그동안 알고 지내던 사람의 통제에 휘둘려온 사람일수록 사악한 혼의 묶임에 빠져들 가능성이 매우 크다. 이런 사람은 자신이 맺고 있는 다른 인간관계에서도 문제가 발생하고 있다는 것을 발견한다.

6. 건강 상실
질병이 수반된다.

질병이나 고통에 대한 취약성과 관련된 혼의 묶임은 조상과의 혼의 묶임으로 대물림된 것일 수 있다. 우리는 이를 세대적인 저주 혹은 세대적인 영이라고 부른다. 질병과 관련된 이러한 불경건한 혼의 묶임은 결혼 안에서 이루어지는 경건한 혼의 묶임과 나란히 존재할 수 있다. 이를 축사해 내기 전까지는 말이다. 예를 들어, 나의 아내 수(Sue)는 내가 암을 앓고 난 후 나와 동일하게 탈모와 암에 대한 두려움을 경험했다. 나를 향한 아내의 마음이 그만큼 깊었음을 보여 준다. 그녀는 나 때문에 약해진 것이다.

우리가 관찰한 바에 따르면, 누군가의 지나친 통제로 분노, 두려움, 근심 등의 정서적 장애를 가진 사람일수록 쉽게 질병에 감염된다.

7. 하늘 아버지와의 친밀감 상실

■ 누군가 내 혼을 통제하려 한다는 것을 어떻게 알 수 있을까?

누가 **너희를 종으로 삼거나 잡아먹거나 빼앗거나 스스로 높이거나 뺨을 칠지라도** 너희가 용납하는도다 (고후 11:20)

성경 말씀을 통해 분명히 알 수 있는 바와 같이, 평범한 사람이라도 일단 악한 영의 도구가 되면 최소한 다음의 다섯 가지를 행할 가능성이 크다.

1. 당신을 속박한다.
2. **당신을 집어삼킨다.** 이것은 사탄이 하는 일과 동일하다. 사탄은 우는 사자같이 삼킬 자를 찾아 두루 다닌다. 따라서 이런 일을 행하는 사람은 사탄의 일을 하는 것이며, 사탄의 하수인이다.
3. **당신의 것을 빼앗아간다.** 당신을 속여서 당신의 명성, 당신의

물건, 당신의 아내 등을 강탈해간다.
4. 자신을 치켜세우고 당신을 깔아뭉갠다.
5. 신체적으로나 폭력적으로 당신을 세게 치거나 때리거나 상처를 준다.

위에 열거된 것들은 당신을 무척 고통스럽게 한다. 그러나 예수님은 온갖 속박과 그로 인한 모든 고통으로부터 당신을 해방시켜 주시기를 원하신다. 포로 된 자를 자유케 하시는 일! 이것이야말로 주님이 이 땅에 오신 목적 중의 하나였다.

■ 강박적 사고(obsessive thought life)

강박적 사고를 하는 사람들은 충동적으로 누군가를 보고 싶어 하거나 충동적으로 누군가의 옆에 있었으면 한다.
"그녀를 도저히 잊을 수가 없어!" "그녀에 대한 생각을 떨쳐 버릴 수가 없어!"

⊙ 의식 차원의 강박적 사고
상대방에 대한 생각이나 기억, 공상, 백일몽에 시달린다. 반드시 성적인 공상을 하는 것은 아니지만, 성적인 측면이 수반되는 경우가 많다.

⦿ 무의식 차원의 강박적 사고

꿈, 악몽에 시달린다. 누군가에 대한 생각을 머릿속이나 꿈속에서 떨쳐 버릴 수가 없다고 토로하는 사람들이 많다. 이들은 누군가가 자신의 삶을 좌우하려거나 통제하려거나 심지어 죽이려고 하는 악몽 때문에 괴로워한다. 다음과 같은 모습도 관찰된다.

① 항상 다른 누군가가 당신에게 아부하거나 알랑거린다. 이는 (적그리스도가) 당신을 속임수로 타락시키기 위함이다(단 11:32).
② 누군가가 당신을 대신하여 결정을 내리거나 당신의 인생 계획을 세운다.
③ 누군가가 당신을 과도하게 보호하려 든다.
④ 누군가가 당신이 새로운 친구를 사귀는 것을 위협적으로 여긴다.
⑤ 누군가가 당신에 대해 재정적인 통제권을 행사한다.

부모, 상사, 채무(debt) 등, 당신을 재정적으로 통제하는 것은 무엇이든 해당된다.

■ 우월한 영성을 통한 조종
(super spirituality manipulation)

교회 안팎에는 자신의 영성이 다른 사람들(예를 들어, 당신)보다 훨씬 뛰어나다고 큰소리치는 사람들이 있다. 이들은 자신들이 하나님과 친밀한 관계 가운데 있다고 자랑한다. 하나님의 음성을 날마다 직접적으로 듣고 있으므로 남을 영적으로 지도해 줄 수 있다고 말이다. 사실 이들의 말에는 논리성이 결여되어 있다. 하나님이 당신에 관한 이야기를 가장 먼저 누구에게 말씀하고 싶으시겠는가? 바로 당신이 아니겠는가. 우리가 반드시 알아야 할 사실이 있다. 거짓 선지자들은 주님을 빙자하여 거짓된 말씀을 전한다.

당신이 만일 누군가와 불경건한 혼의 묶임 가운데 있다면, 위에서 언급된 모든 증상들이 당신에게 나타날 가능성이 매우 높다. 뿐만 아니라 당신을 지배하고 있는 사람이 가지고 있는 귀신의 역사로 인한 문제들, 이를테면 불신앙이나 거역 따위도 당신에게 전가될 수 있다. 또한 당신이 당한 그대로, 당신도 누군가를 통제하기 위해 두루 찾아다니고 있을지도 모른다.

결국 가장 중요한 것은 한 가지, 곧 사악한 혼의 묶임을 파쇄하는 일이다! 다음 장에서는 사악한 혼의 묶임에서 어떻게 해방될 수 있는지에 대해 개괄적으로 살펴보기로 하겠다.

제5장
치유 : 혼의 묶임 파쇄
(The Cure: Breaking Soul-Ties)

실제로 사탄과의 온갖 싸움이 벌어지는 현장은 우리의 생각(mind)이다. 특히 일반적으로 축사 사역을 할 때마다 이것이 얼마나 틀림없는 사실인지 확인하게 된다. 이는 혼의 묶임을 파쇄하는 일에 있어서는 더욱더 타당한 진리이다. 자유케 되기를 원하는 사람은 다음의 세 단계를 반드시 거쳐야 한다.

첫째, 혼의 묶임으로 인한 문제가 실제로 존재한다는 것을 인식한다. 둘째, 자유케 되기로 결심한다. 셋째, 자유를 향한 발걸음을 단호하게 내딛는다.

자유를 위한 발걸음에는 다음과 같은 것들이 있다. 고백, 포기, 혼의 묶임의 파쇄를 입으로 선포하기, 악한 영을 축사하기, 조각 난 혼의 파편을 모아 수리하고 치유하기.

바울이 빌립보서 4장에서 말씀한 바와 같이, 필요하다면 충고에 귀를 기울이고 마음을 새롭게 하기에 힘쓰라. 혼의 묶임의 영향력 하에 있는 동안에는 자신이 누군가의 통제 하에 있다는 사실에 전혀 무지할 수 있다. 그렇게 되면 그는 자신이 믿는 바에 동의해 줄 사람을 찾아 이 목사에서 저 목사, 이 상담자에게서 저 상담자 사이를 전전하는 사람이 될 수도 있다.

너희는 이 세대를 본받지 말고 오직 **마음을 새롭게 함으로 변화를 받아** (롬 12:2)

어떠한 혼의 묶임이냐에 따라 파쇄의 난이도가 달라진다. 혼의 묶임은 보통 하룻밤 사이에 형성되지 않는다. 혼의 묶임의 파쇄의 난이도를 결정하는 것은 관계의 강도 및 관계의 지속 기간이다. 사랑으로 간주된 감정에 기초하여(성적 접촉 수반) 형성된 혼의 묶임, 두려움으로 인한 혼의 묶임, 신비 사술로 인한 혼의 묶임은 대체로 가장 강력하고 가장 힘든 경우에 속한다. 따라서 그만큼 피해자가 이를 파쇄하기가 쉽지 않다. 한편, 엄마에게 지나치게 의존하는 것은 단순해 보이기는 하지만, 장기간에 걸쳐 허용해 온 경우에는 매우 강력한 혼의 묶임이 될 수 있다.

진리를 알지니 진리가 너희를 자유롭게 하리라 (요 8:32)

그러므로 아들이 너희를 자유롭게 하면 너희가 참으로 자유로우리라 (요 8:36)

그릇된 혼의 묶임을 가능하게 하는 첫 번째 관문이 **무지**(ignorance)라면, 이에 대한 분명한 해결책은 다름 아닌 **교육**(education)이다. 혼의 묶임이 실제로 존재한다는 것과 그 영향력이 어떠한 것인지에 대한 교육이 이루어져야 한다. 단순히 이 주제에 관한 연구 자료만 가지고 공부하는 것이 아니라, 완벽한 본을 보여 주신 예수 그리스도를 본받아 우리의 인간관계를 조정하는 법을 배워 나가야 한다. 예수님은 하늘 아버지를 제외한 그 어떤 통제도 거부하셨다. 주님은 죄에 대한 모든 유혹도 거절하셨다. 거룩함에 이르기 위해서는 일시적인 쾌락을 포기할 수 있어야 한다. 그래야만 개인적으로나 영적으로 한 차원 더 높은 자유를 향해 나아갈 수 있다. 우리는 반드시 원수의 전술과 책략을 잘 익혀 두어야 한다.

아담은 불순종으로 하나님에 대한 신뢰를 깨뜨렸다. 아담이 에덴 동산을 지키지(문자적으로는, '보호하지') 못한 것은 사탄의 의도를 전혀 파악하지 못했기 때문이다. 사탄은 아담과 아담에게 위임된 하나님의 모든 피조물에 대한 통제권을 행사하려는 데 그 속셈이 있었다.

네가 네 마음에 이르기를 내가 하늘에 올라 하나님의 뭇 별 위에 내 자리를 높이리라 내가 북극 집회의 산 위에 앉으리라 가장 높은 구름에 올라가 지극히 높은 이와 같아지리라 하는도다 (사 14:13-14)

마지막 아담이신 예수님은 주님을 통제하려는 사탄의 술책을 성공적으로 물리치셨다. 이처럼 예수님은 우리에게 본을 보여 주셨다.

마귀가 또 그를 데리고 지극히 높은 산으로 가서 천하 만국과 그 영광을 보여 이르되 만일 내게 엎드려 경배하면 이 모든 것을 네게 주리라 이에 예수께서 말씀하시되 사탄아 물러가라 기록되었으되 주 너의 하나님께 경배하고 다만 그를 섬기라 하였느니라 이에 마귀는

예수를 떠나고 천사들이 나아와서 수종드니라 (마 4:8-11)

그릇된 혼의 묶임을 가능하게 하는 두 번째 주요 관문은 **동의**(agreement)이다. 따라서 이에 대한 분명한 해결책은 **동의하지 않는 것**(disagreement)이다.

여기에는 어려움이 있다. 대부분의 경우, 동의하지 않으려면 지배에 기초한 모든 관계를 중단해야 한다. 이는 적어도 피지배자가 자유롭게 살아갈 수 있을 때까지 그렇게 해야 한다. 또한 피지배자는 지배자에게서 오는 어떠한 선물도 포기해야 하며, 지배자가 행하는 어떠한 왜곡된 행위도 거절해야 한다. 그러나 지배자가 피지배자의 자유를 기꺼이 인정하지 않거나 시인하지 않을 때, 이들의 관계는 끝내 회복되지 못할 수도 있다.

지배자가 식구 중 한 사람이거나 고용주인 경우에는 문제가 가장 심각하다. 어쩌면 이들과의 관계를 완전히 끊어 버리는 것이 당신에게는 불가능한 일인지도 모른다. 한 가지 도움이 될 만한 해결책을 제안해 보겠다. 가족은 무엇이며, 교회는 무엇이고, 시민은 무엇인지, 다시 한 번 재고해 보라(rethink). 우리의 모범은 예수님이시므로, 예수님의 말씀을 상기해 보자.

누가 내 어머니이며 내 동생들이냐 하시고… 누구든지 하늘에 계신 내 아버지의 뜻대로 하는 자가 내 형제요 자매요 어머니이니라 하시더라 (마 12:48, 50)

아버지나 어머니를 **나보다 더 사랑하는** 자는 내게 합당하지 아니하고 아들이나 딸을 나보다 더 사랑하는 자도 내게 합당하지 아니하며 (마 10:37)

로마서 8장은 성령께서 우리를 진정한 아버지(아바)께 인도해 주실 것이라고 약속한다. 하나님의 아들 예수 그리스도를 구세주로 영접할 때, 우리는 아버지 하나님의 가족으로 입양된다.

거룩하게 하시는 이와 거룩하게 함을 입은 자들이 다 한 근원에서 난지라 그러므로 형제라 부르시기를 부끄러워하지 아니하시고 (히 2:11)

영접하는 자 곧 그 이름을 믿는 자들에게는 하나님의 자녀가 되는 권세를 주셨으니 (요 1:12)

우리는 교회가 무엇인지에 대해서도 **재정의**(redefine)해야 한다. 예수님은 지역을 근거로 교회를 정의하셨다. 에베소 교회, 서머나 교회 등과 같이 말이다. 예수님은 오늘날의 교파에 대해서는 알지 못하셨다. 바울은 장로(elder)나 감독(bishop)을 한 지역을 다스리는 여러 지도자 중 하나로 보았다. 또 고전 3:3-7에서 바울은 유명한 인물(personalities)을 따라 분열을 일으킨 고린도 교인들의 육신적인 모습을 꾸짖었다.

어떤 이는 말하되 나는 바울에게라 하고 다른 이는 나는 아볼로에게

라 하니 너희가 육의 사람이 아니리요 (고전 3:4)

편의상 교회를 세부적으로 구분할 수는 있다. 그러나 어떤 영적인 지역 교회에 속해 있든지 우리는 한 몸(one body)의 일부이며, 하나의 우주적인 몸(one universal body)의 일부이다. 우리는 천국의 시민으로서, 오직 천국의 통치자이신 하나님께 충성하는 사람들이다.

우리 혼의 자유를 위한 두 번째 열쇠는 사고방식의 전환이다. 우리를 잘못된 대상에 충성하게 만드는 그 어떤 것에도 결코 **동의해서는 안 된다**. 그리스도 안에서 자유롭고 독립적인 존재가 되었을 때 비로소 우리는 다른 이에게 축복이 될 수 있다. 이러한 전쟁이 벌어지는 첫 번째 장소가 바로 우리의 생각(mind)이다. 우리는 이 싸움에서 결단코 승리해야 한다.

마음이 부패하여지고 진리를 잃어버려 경건을 이익의 방도로 생각하는 자들의 다툼이 일어나느니라 (딤전 6:5)

너는 이것을 알라 말세에…사람들이 자기를 사랑하며…경건의 모양은 있으나 경건의 능력은 부인하니 **이 같은 자들에게서 네가 돌아서라** (딤후 3:1, 2, 5)

사탄은 축사 사역보다 오히려 그릇된 혼의 묶임으로부터 자유케 되는 일을 더 악착같이 방해하려는 것 같다. 눈으로 볼 수 있는 사람을 내쫓는 것보다, 귀신을 쫓아내는 일이 훨씬 더 수월하기 때문이다. 사람은 전적으로 악하지도, 전적으로 선하지도 않다. 우리가 '자유를 향한 비상'을 막 시작하려고 하면, 우리와 혼적으로 묶여 있는 대상은 스스로를 사랑스럽고 불쌍한 사람이라고 말한다. 죄책감과 이기심이 우리 안에 엄습해 올 수 있다. 이럴 때일수록 우리는 다시금 과거의 속박의 틀 속으로 물러나지 않도록 철저히 저항해야 한다.

영적인 영역에서 자유를 얻기 위하여 선행되어야 할 것이 있다. 지배자가 어떤 반응과 태도를 보이더라도, 혼의 묶임을 반드시 파쇄해야 한다는 결심이 결코 흔들려서는 안 된다. 지배자는 가능한 방법을 모조리 동원할 것이다. 또 우리는 그동안 (혼의) 묶임을 가능하게 했던 다리(bridges)가 불타는 모습을 보더라도 고통 가운데 두려워하지 않겠다고 결단해야 한다.

다음의 사실을 반드시 기억하라. 타인에게 받는 통제가 약해질수록, 더욱 쉽게 자신을 하나님의 통제권에 굴복시킬 수 있다. 우리가 반드시 알아야 할 사실이 있다. 그릇된 혼의 묶임은 마치 우리 영을 보이지 않게 붙들어 매는 쇠사슬과 같다. 이런 의미에서 종국적인 해결책은 영적인 것이라고 할 수 있으며, 이 분야에서 승리하려면, 기도해야 한다. 다음에 도움이 될 만한 지침들을 소개하겠다.

■ 자유와 승리를 향한 지침

1. 모든 이를 용서하라.

서서 기도할 때에 아무에게나 혐의가 있거든 **용서하라** 그리하여야 하늘에 계신 너희 아버지께서도 너희 허물을 사하여 주시리라 하니라 (막 11:25)

주인이 노하여 그 빚을 다 갚도록 그를 **옥졸들에게** 넘기니라 너희가 각각 마음으로부터 **형제를 용서하지 아니하면** 나의 하늘 아버지께서 **도 너희에게 이와 같이 하시리라** (마 18:34-35)

우리는 『축사의 권능: 축사의 노래(Power for Deliverance: Songs of Deliverance)』 중 "용서를 위한 가르침(Forgiveness Teaching)" 부분의 내용에 친숙해질 필요가 있다. 자유롭게 되기를 원하는 사람은 자신에게 잘못을 범했다고 여겨지는 모든 사람을 진심으로 용서하는 기도를 드려야 한다. 예를 들면 다음과 같다.

주 예수님! 남을 용서치 못한 것을 죄로 자백하며 주님께 나아옵니다. OO와 OO에 대해 용서치 못한 마음을 품었던 모든 죄를 포기합니다. 그들에 대해 분노할 권리마저 내려놓습니다. 나를 해롭게 한 그들을 용서하겠습니다. 주님께서도 그들을 용서하여 주십시오. 아멘.

⊙ 용서는 신뢰가 아니다!

누군가 당신의 혼을 덫에 걸리도록 만들었다면, 의식적으로든 무의식적으로든 그에게 분노하는 것은 어쩌면 당연한 일이다. 그렇다면 이런 분노의 감정들을 과연 어떻게 다스려야 할까.

당신의 어머니가 창녀라고 가정해 보자. 창녀의 몸으로 당신을 출산했을 수도 있고, 당신을 낳은 후 창녀가 되었을 수도 있다. 그래도 여전히 당신은 그 여성을 어머니로서 존경할 수 있으며, 그녀를 당신을 낳아 준 분으로 인정할 수 있다. 동일한 원리로, 우리는 정신적으로 어머니와 어머니의 통제를 분리해 낼 수 있다. 죄인은 용서하되, 죄는 용서하지 말라!

예를 들어 보자. 이웃의 개가 당신을 물었다. 개의 주인이 당신을 찾아와서 용서를 구한다. 당신은 기꺼이 그를 용서해 줄 수 있다. 그러나 당신은 용서의 진실성을 입증하기 위해 또다시 그 개에게 물리게 자신을 내버려 두어야 한다고는 생각하지 않을 것이다. 당신이 고용한 사람이 당신의 것을 훔쳐 간 후, 나중에 와서 용서를 구했다고 가정해 보자. 당신은 그를 용서할 수 있다. 그러나 두 번 다시 그 사람에게 금고의 열쇠를 맡기는 어리석은 행동은 하지 않을 것이다. 용서한다고 해서 즉각적으로 신뢰가 회복되는 것은 아니다. **신뢰는 노력을 통해 얻어진다.**

아동기에 부모에게 학대를 받은 사람이 성인이 되어 자신에게 상처를 준 부모를 기꺼이 용서할 수는 있다. 그러나 용서의 타당성을 입증하기 위해 일부러 자신을 학대받는 자리에 노출시켜야 할 하등의 이유가 없다. 우리의 원수가 흔히 사용하는 거짓말이 있다. "네가 진정으로 용서했다면, 더 이상 주저하지 말고 그 사람이 있는 데로 가서 그와 함께 지내라."

또 하나의 지혜로운 속담이 있다. "자라 보고 놀란 가슴 솥뚜껑

보고 놀란다." 신중해서 나쁠 것이 없다. 예를 들어, 성추행 혹은 성학대의 이력을 가진 부모와 그의 자녀를 한 방에 두는 것은 좋지 못하다. 부모가 과거의 행동을 회개한 것과, 자신이 믿을 만한 사람임을 증명하는 일은 전혀 별개의 문제이다. 당신의 영이 견제를 하거나, 과거에 당신을 학대한 사람에 대한 불신이 느껴지거든, 이를 주님으로부터 온 하나의 경고로 받아들여라. 주님이 당신을 평안 가운데 달리 인도해 주실 때까지 말이다.

2. 모든 부적절한 혼의 묶임을 끊으라!

신생아가 자연적인 삶의 영역에서 살아남으려면 반드시 탯줄을 잘라야 한다. 크리스천의 경우도 마찬가지이다. 영적인 영역에서 성장하기 원하는 크리스천이라면, 반드시 부적절한 혼의 묶임을 잘라내야 한다.

⊙ 혼의 묶임을 파쇄하는 기도 사역

이제 나는 OO와 OO와 OO가 나에게 행사한 모든 비정상적인 권위, 조종, 지배, 통제를 파쇄하기로 결심합니다. 나는 이제까지 내가 노출되어 왔거나 나 혹은 다른 이의 행동으로 인해 책임을 면치 못했던 모든 언약, 계약, 약속, 저주 그리고 그 밖의 모든 어둠의 일을 포기합니다. 나는 의지적인 행위와 결단으로, 모든 혼의 묶임으로부터 나 자신을 풀어놓습니다. 또 사탄과 관련된, 혹은 사람이든 귀신이든 사탄의 하수인과 관련된 나의 혼과 몸의 모든 속박으로부터 나 자신을 풀어놓습니다. 이제 나는 성경의 말씀과 같이 나의 몸을 산 제물로 주님께 드립니다. 주님처럼 거룩하게 살아가겠습니다. 주 예수님, 나에게 힘을 주십시오. 아멘.

이제야 비로소 부서진 혼 혹은 마음의 파편들을 회복할 때가 되었다. 이를 위해 다음의 기도문을 사용해 보라.

예수 그리스도의 이름으로 명한다. 이제까지 부서지고 찢기고 깨진 나의 혼의 모든 부분들은 제자리를 찾아 돌아갈지어다. 치유될지어다. 내 마음의 모든 영역은 회복될지어다. 내 혼은 회복되며, 모든 속박과 혼의 묶임은 완전히 파쇄될지어다. 주님! 이제 기도합니다. 내 마음을 치유하여 주시고, 주님의 권능과 사랑으로 지켜 주십시오. 그리스도 예수를 통해 내 마음과 생각을 지켜 주십시오. 아멘.

3. 부서진 혼을 회복하라!

역으로 공격하라. 다음을 목표로 삼으라. 상처 입은 혼을 온전한 혼으로 대체하기. 악한 영들을 쫓아내고 성령의 열매 등 하나님께로부터 말미암은 선한 영들로 대체하기. 두려움에 시달려 온 사람을 위해서는 평강으로 채워지도록 기도하라. 우리는 반드시 부서진 혼이 온전해지고 완전히 회복되도록 기도해야 한다. 여기에는 의존의 문을 닫아 버리는 일도 포함된다.

4. 남아 있는 모든 죄를 고백하라!

주 예수님! 주님께 고백합니다. 저는 ___, ___, ___ 죄를 지었습니다. 이것들이 잘못된 것임을 깨닫고 뉘우칩니다. 제가 ___한 것과 ___한 것을 용서해 주시고, 주님의 보혈로 저의 모든 죄와 죄책감을 씻어 주십시오. 주님의 은혜로운 용서를 믿고 받아들입니다. 앞으로 최선을 다하여 거룩한 삶을 살겠사오니, 저를 도와주십시오. 아멘.

5. 기도하라. 권세를 가지고 어떤 영이든 축사하라!

정욕, 학대, 중독, 신비 사술적인 통제, 분노, 원한, 증오, 죄책감, 두려움 등 모든 영들을 쫓아내라.

믿는 자들에게는 이런 표적이 따르리니 곧 그들이 내 이름으로 **귀신을 쫓아내며** 새 방언을 말하며 (막 16:17)

하나님은 악한 영을 쫓아내고 모든 귀신의 속박을 파쇄할 수 있는 놀랍고 엄청난 권능과 권세를 당신에게 주셨다. 당신은 믿는 자이다. 이 능력은 바로 당신의 몫이다! 이제까지 언급한 단계들을 잘 거쳐 왔다면, 이제는 당신에게 주신 그 권세와 예수님의 이름을 선포할 수 있는 특권을 사용하라. 영들의 이름을 각각 불러 지금 당장 예수 그리스도의 이름으로 떠나가라고 명령하라.

예수 그리스도의 이름으로, 나는 나를 괴롭히는 악한 영에 대해 권세를 행사한다. ___ 영아! 내가 너를 묶는다. 예수님의 이름으로 명한다. 너는 파쇄되어 지금 당장 나에게서 떠나가라! 아멘.

⊙ 묶기와 풀기(binding & loosing)

무엇이든지 너희가 땅에서 매면 하늘에서도 매일 것이요 무엇이든지 땅에서 풀면 하늘에서도 풀리리라…너희 중의 두 사람이 땅에서 합심하여 무엇이든지 구하면 하늘에 계신 내 아버지께서 그들을 위하여 이루게 하시리라 (마 18:18-19)

내가 너희에게…원수의 **모든 능력**을 제어할 권능을 주었으니 너희를 해칠 자가 결코 없으리라 (눅 10:19)

6. 불경건한 서원을 기도로 파쇄하라!

기도로 끊어야 할 서원에는 다음과 같은 것들이 있다.

"주님, 이번에 위험에서 저를 구해 주시면, 절대로 두 번 다시 ___하지 않겠습니다."

"그(그녀, 내)가 죽었으면 좋겠어."

"내 오른팔을 ___에게 줄게."

"담배 피우고(술 마시고, ___) 싶어서 죽을 지경이야."

"이번에도 임신이 안 된다면, 조하고는(___와는) 두 번 다시 성관계를 하지 않을 거야."

"나는 절대 엄마(아빠, 상사 등)처럼 되지 않을 거야."

이상에 언급한 말들은 모두 자기 예언적인(self-fulfilling) 저주가 될 수 있다. 이 표현들은 사람의 관심을 악에 집중시키고, 증오와 원한의 대상과의 부정적인 혼의 묶임을 강화시키는 역할을 한다. 누구든 그가 말한 서원을 포기하거나 끊어야겠다고 느끼는 사람, 또는 과거에 부지불식간에 서원을 한 사람이라면, 반드시 그 서원을 파쇄해야 한다. 기도문은 다음과 같다.

예수 그리스도의 이름으로 나는 지금 내가 알게 모르게 과거에 발했던 모든 서원을 포기하고 취소한다. 내가 ___라고 한 말들을 철회한다. 또한 그 서원으로 인해 생긴 모든 혼의 묶임을 파쇄하며, 서원을 강화하고 나를 괴롭히고자 나에게 보내진 모든 악한 영들에 대해 나는 권세를 행사한다. 예수님의 이름으로 명한다. 너는 파쇄되어 지금 당장 나에게서 떠나가라! 아멘.

제6장
해로운 혼의 묶임 예방하기

(Preventing Further Harmful Soul-Ties)

정죄(condemnation)를 이겨 낼 때 우리는 더 이상 속박이 아니라 자유 가운데 머물 수 있다. 우리는 자유(freedom)와 정죄가 어떻게 다른지 구별할 줄 알아야 한다. 제2장에서 언급했던 여인은 속박 가운데 있었다. 혼의 묶임 속에 있는 다른 모든 사람들처럼 말이다. 우리는 결코 속박되어 있어서는 안 되는 존재들이다. 다음 말씀을 상고해 보자.

주는 영이시니 주의 영이 계신 곳에는 자유가 있느니라 (고후 3:17)

하나님은 하나님의 자녀들에게 속박이 아닌 자유를 유산으로 물려주셨다. 당신이 현재 누리고 있는 것은 무엇인가? 속박인가, 자유인가? 하나님이 애굽의 바로에게 하신 말씀을 기억해 보라. "내 백성을 보내라!(Let my people Go!)" 하나님은 언제나 동일하신 분이다. 우리를 자유롭게 하시려는 주님의 뜻도 언제나 변함이 없으시다.

■ 부적절한 선물을 식별하는 법을 알라

논리적인 질문 하나를 던져 보겠다. 좋은 선물과 나쁜 선물은 어떻게 구분할 수 있는가? 해답의 실마리는 바로 선물을 주는 자의 동기(motivation)에 있다. 그/그녀가 선물을 줌으로써 얻고자 하는 바는 무엇인가? 그 동기는 과연 경건한 것인가, 불경건한 것인가? 그는 선물을 준 대가로 무엇을 기대하고 있는가? 혹시 선물에 '묶는 끈(strings)'이 붙어 있지 않은가?

■ 나쁜 선물 감별법

(1) 선물에 좋지 못한 느낌이 있는가?
(2) 당신의 영이 성령의 제지를 받고 있는가?
(3) 선물이 부적절하다고 여겨지는가?

선물이 너무 비싸지는 않은가? 너무 사적인 품목은 아닌가? 예를 들어, 남성이 기혼 여성에게 속옷을 선물로 주는 것은 적절치 못하다.

이 항목에는 반지, 부적, 작은 장식물(우상) 등 보석류가 포함된다. 우리는 무엇이든 의심해 보아야 한다. 선물에는 주는 사람의 저주가 붙어 있을 수도 있고, 만든 사람의 저주가 붙어 있을 수도 있다. 특히 문제가 되는 것은 반지이다. 약혼반지, 결혼반지, 우정반지 등 모든 반지는 관계에서 헌신을 상징한다. 반지나 보석과 같은 선물은 상대방을 통제할 목적으로 줄 때 저주가 될 수 있다.

몇 년 전에 한 프로 테니스 선수의 남편이 찾아왔다. 그는 자신의 아내가 여성 테니스 선수들 사이에 있는 동성애 그룹에서 빠져나올 수 있게 도와달라고 요청했다. 그 변태적인 그룹은 그의 젊은 아내를 어느 '특별 코치'에게 보냈고, 그는 그를 찾아오는 모든 여자들을 성적으로 교육시킨 후 반지를 하나씩 주었다. 결국 이렇게 해서 반지를 받은 여자들은 모두 그 변태적인 그룹에 묶이게 되었다.

■ 의존성을 탈피하는 법을 터득하라

나는 당신 때문에 상처 받지 않는다. 왜냐하면 당신을 두려워하지 않기 때문이다. 당신이 나를 거절해도 나는 망연자실하지 않는다. 더욱이, 나는 당신을 의지하지도 않을 것이다. 나는 오직 주 예수 그리스도만을 의지하며 살아가기로 작정했기 때문이다. 나는 주님께 속했다. 주님이 내 편이신데 내가 무엇을 두려워하겠는가? 나는 주님의 사랑을 받는 자이다.

그러므로 우리가 담대히 말하되 주는 나를 돕는 이시니 **내가 무서워하지 아니하겠노라** 사람이 내게 어찌하리요 하노라 (히 13:6)

■ 마귀를 대적하라. 당신을 통제하려는 사람들을 대적하라

그런즉 너희는 하나님께 복종할지어다 마귀를 **대적하라** 그리하면 너희를 피하리라 (약 4:7)

이제까지 우리가 살펴본 사항들은 야고보서 4장 7절의 전반부에 해당하는 내용이었다. 우리는 자신을 하나님께 순복하고 우리의 주인을 바꿔야 한다. 이제는 초점을 이 성경 구절의 후반부로 옮겨 보자. 모든 영적 전쟁의 승리를 위한 가장 강력한 열쇠가 이 구절에 있다. 열쇠란 바로 **영적인 대적**(spiritual resistance)의 원리이다. 지속적으로 자유함 가운데 살아가기 위하여, 우리는 반드시 대적해야 한다.

누군가 당신을 통제하려 했는가? 누군가 당신을 조종하고, 지배하고, 당신에게 주술을 걸려고 했는가? 이제 당신은 단호한 자세로 그 힘에 대적해야 한다. 당신은 한계선을 긋기로 결심해야 한다. 더 이상 자신을 상처받는 자리에 노출시키지 말아야 한다. 이를 위해 선물이나 재정적인 도움 등, 당신이 판단하기에 어떤 보이지 않는 동기나 숨은 속박의 고리를 가지고 있는 모든 것들을 포기해야 할지도 모른다.

책을 마무리하며 축사 상태를 계속 유지하는 일과 관련하여 한 가지 당부하고 싶은 것이 있다. 우리는 모든 죄에 대해 의지를 가지고 대항해야 한다. 마찬가지로 의심(doubt)에 대해서도 의지를 가지고 대항해야 한다. 믿음 없는 자가 되지 말고 믿는 자가 되라(요 20:27)고 주님은 말씀하셨다.

야고보서 4장 7절을 통해 주신 약속의 말씀을 기억하라. 마귀(devil)가 우리를 피해 달아날 것이다. 예수님이 이미 사탄을 이기셨다. 우리가 단지 예수님이 이루신 일을 그대로 적용하기만 하면, 마귀는 실제로 우리 앞에서 패배하게 된다. 우리는 구원을 얻기 위해 예수님의 보혈의 능력을 적용해 왔다. 마찬가지로 우리가 사탄에게 속한 어두움의 일들을 물리치려면, 주님께서 이미 갈보리에서 온전히 성취하신 일을 적용해야 한다. 그때 우리는 자유롭고 거룩한 삶을 살아가게 될 것이다.

그러므로 형제들아 내가 하나님의 모든 자비하심으로 너희를 권하노니 **너희 몸을** 하나님이 기뻐하시는 **거룩한 산 제물로 드리라** 이는 너희가 드릴 영적 예배니라 (롬 12:1)

평강의 하나님께서 속히 사탄을 너희 **발 아래에서** 상하게 하시리라 (롬 16:20)

■ 부적절한 혼의 묶임을 대체하라

출생 시 갓난아기가 엄마와 떨어지게 되었다면, 반드시 누군가가 엄마의 부재로 인해 생긴 빈자리를 채워 주어야 한다. 아기를 양육하고 훈계하고 지도해 줄 사람이 반드시 있어야 한다. 불경건한 혼의 묶임에서 막 벗어난 사람의 경우도 마찬가지이다. 불경건한 혼의 묶임이 있었던 자리가 경건한 혼의 묶임으로 대체되어야 한다. 그리스도의 몸에 속한 누군가에게 양육과 지도를 받아야 한다. 이는 아기에게 돌봄을 제공하는 것과 같은 차원으로 이해하면 된다.

상황을 최대한 단순화시켜 생각해 보자. 예를 들어, 축사를 받는 사람은 이제까지 오직 사악한 혼의 묶임에만 연루되어 있었다. 그는 경건한 사회적 관계를 전혀 갖지 못했다. 이제 우리는 그 사람이 축사 이후에 경건한 혼의 묶임 가운데 들어가도록 기도해 주어야 한다. 편부모인 엄마를 잃은 아이에게는 엄마를 대신할 누군가가 반드시 필요하다. 마찬가지로, 그동안 가지고 있던 유일한 사회적 관계가 끊어진 사람에게도, 이를 대신할 새로운 경건한 관계가 필요하다. 크리스천은 무엇보다도 주 예수 그리스도와의 혼의 묶임을 최우선적으로 형성하고 이를 늘 유지해야 한다.

하나님의 빛이 우리를 어둠과 죄에서 건져 주시기 전까지, 우리는 모두 어둠과 죄 가운데 살고 있었다. 우리의 혼은 원래 상처 입고 기능이 손상되어 있었다. 우리의 혼은 이제까지 사탄의 왕국, 어둠의 왕국에 속해 있었다. 그러므로 우리 혼은 회복(restoration)을 필요로 한다. 예수님의 사역은 우리 혼을 위한 회복의 사역이었다.

사탄은 마치 우는 사자처럼 신자 중 삼킬 자를 찾기 위해 두루 다닌다. 사탄은 신자들의 혼을 갈가리 찢고 싶어 한다. 우리의 혼에 필요한 것은 회복이다. 이는 성부 하나님께서 선한 목자이신 성자 예수님께 위임하신 사역이 무엇인지 살펴보면 알 수 있다.

내 영혼을 소생시키시고 자기 이름을 위하여 의의 길로 인도하시는 도다 (시 23:3)

예수님은 우리를 바른 길로 인도해 주심으로써 우리 혼을 회복시키신다. 주님은 우리를 멸망의 길에서 벗어나게 해 주신다. 이 멸망의 길은 우리가 자초한 것일 수도 있다(어떤 길은 사람이 보기에 바르나 필경은 사망의 길이니라; 잠 14:12). 혹은 사탄의 하수인, 예를 들어 창녀나 사악한 친구, 그 밖에 우리를 하나님의 길에서 멀어지게 하려는 자들에게 속아서 이 멸망의 길에 잘못 발을 들여놓았을 수도 있다.

구원받은 다윗의 영광스런 고백이 바로 당신의 고백이 되기를 간절히 소망한다.

우리의 영혼이 사냥꾼의 올무에서 벗어난 새같이 되었나니 (축사와 진리의 인도함으로) **올무가 끊어지므로** 우리가 벗어났도다 (시 124:7)

부 록

여기에 소개하는 편지는 어느 젊은 어머니에게서 받은 것이다. 그녀는 매우 강한 혼의 묶임과 8개의 다중 인격으로부터 축사 사역을 받고, 약 일주일 뒤 이 편지를 보내 왔다.

빌 뱅크스 씨에게!

저와 제 아들을 위해 기꺼이 사역해 주신 것에 이 기회를 빌어 감사드립니다. 처음 당신의 책을 접했을 때 저는 이렇게 생각했습니다. "세상에 이렇게 무모한 사람도 다 있네. 이게 사실일리 없어." 그러나 제 생각이 틀렸습니다. 당신은 그리스도를 닮은 불쌍히 여기는 마음을 가졌습니다. 이는 다른 사역자에게서는 쉽게 찾아볼 수 없는 것입니다. 당신은 말로만 하지 않고 실천으로 보여 주었습니다. 당신은 사람을 사랑한다는 것이 무엇인지 아는 사람입니다. 저도 당신을 본받아 남들, 특히 저희 가족을 불쌍히 여기며 살아가게 되기를 기도합니다.

그토록 심한 ____로부터의 자유를 주신 주님을 찬양합니다! 저는 지금까지 한 번도 경험해 보지 못한 자유와 평안 그리고 희망을 맛보고 있습니다. 우리 모임에서 일어난 일에 대해서는, 분명하게 이해되는 부분도 있고 그렇지 못한 부분도 있습니다. 이 때문에 실망스럽기도 합니다. 왜냐하면 제가 경험한 일을 제 남편에게 제대로 설명해 주고 싶었거든요. 남편은 제 설명이 시원찮은 것에 대해 별로 신경 쓰지 않았습니다. 그가 알고 있는 것은, 제가 하나님의 은혜와 예수님의 십자가 공로로 자유를 누리게 되었다는 사실뿐입니다.

이제 저희 부부는 앤디에 대해서도 더 큰 희망을 갖게 되었습니다. 어떤 부모들은 절대로 포기할 줄을 모른답니다. 몇몇 의사들은 이 사실을 잘 모르는 것 같아요. 우리의 치유자이신 예수님이 우리 앤디도 치유해 주실 것을 믿습니다. 앤디가 당신을 무척 보고 싶어 합니다. "나쁜 천사"가 더 이상 그를 괴롭히지 못하게 되기만을 고대하면서 말이에요.

몇 가지 중요한 사항에 대해 정보를 드리려고 합니다. 이 점은 아마 당신도 잘 몰랐을 겁니다. 왜냐하면 제 자신도 깨닫지 못하고 있었으니까요. 주님의 구원의 손길이 제가 미처 상상하지도 못한 깊은 곳까지 미쳤습니다. '자궁에서부터 거절받은 일'과 관련하여 당신이 저를 위해 기도해 주실 때, 저의 머리는 '아니요'라고 대답하고 있었습니다. 그러나 그 순간 제 내면에서 무언가 반응하고 있음이 느껴졌습니다. 그제서야 저는 당신이 옳았음을 깨달았습니다. 신체적인 면에서 어머니는 실제로 저를 7개월 만에 출산하셨습니다. 정서적, 영적인 면에서 부모님은 제가 아들이기를 바라셨습니다. 그 바람이 얼마나 컸던지, 심지어 여자아이 이름은 준비해 놓지도 않으셨습니다.

제 이름이 어떻게 지어졌는지 잠시 이야기해 드리겠습니다. 저에게는 목사님이신 증조 할아버지가 계십니다. 그분이 저희 부모님에게 이렇게 말했다고 합니다. 앞으로 태어날 아기는 딸이므로, 자기가 그

딸의 이름을 지어 주겠노라고 말입니다. 저희 부모님은 웃으면서 그러시라고 대답했습니다. 마침 저희 부모님이 계시던 곳이 달라스 공항이었고, 증조 할아버지는 달라스 항공편으로 출발할 예정이었습니다. 그래서 그들은 농담 삼아 제 이름을 '달라스' 로 하기로 했습니다. 드디어 제가 태어났습니다. 부모님이 딸을 위해 준비한 이름은 '달라스' 밖에 없었습니다. 저는 결국 농담의 희생양이 되었습니다. 이렇게 해서 제 이름은 달라스가 되었습니다.

성경에 보면, 하나님은 저를 이름으로 부르시며, 그분의 소유 삼으셨다고 합니다. 시편 139편에는 제가 모태에 있을 때부터 하나님이 저를 아셨다고 말씀합니다!! 주님 편에서 볼 때, 저는 결코 농담거리도 아니고, 실수도 아니고, 잘못된 성을 가진 사람도 아닙니다. 저는 흠잡을 데가 없는 존재입니다!! 저의 인생에는 목적이 있습니다. 주님이 저를 이 세상에 존재하게 만드셨습니다. 주님의 사랑을 생각할 때마다… 주님이 저를 정말 사랑하신다는 것을 알기에 너무 기쁩니다. 주님은 정말 저를 사랑하십니다!

저에게는 생명이 있고, 목적이 있습니다. 저는 거절 받는 존재가 아닙니다. 제가 얼마나 완벽하고 조화로운 사람인지…! 제 자신이 된다는 것은 정말 기분 좋은 일입니다. 특히 제 남편에게 끌리는 느낌도 너무 좋습니다. 여성으로 살아간다는 것은 정말 굉장한 일입니다.

당신은 저에게 저를 학대한 사람들과의 혼의 묶임 그리고 제가 죄를 지은 사람들과의 혼의 묶임을 끊어야 한다고 말씀하셨습니다. 이 사실을 이제는 제 영이 이해합니다. 혼의 묶임에서 자유롭게 되기까지 이 사실을 전혀 알지 못하였습니다. 저는 이제까지 많은 사람들에게 속박되어 있었습니다. 모든 면에서 남편과도 자유롭게 영적으로 하나 되지 못하고 있었습니다. 다른 사람들과의 혼의 묶임으로 인해 저는 남편과 가까워질 수 없었습니다. 심지어 꿈속에도 나타나 이따금씩 나를 괴롭히는 생각들이 정말이지 싫었습니다.

나와 남편 사이에 아무것도 끼어들지 않기를 갈망합니다. 더 이상 포르노에도 흥미를 잃었습니다. 더 이상 예전처럼 남편이 저에게 다가올 때마다 그를 거부하지 않습니다. 다른 남자라면 벌써 다른 데서 자신의 육체적 욕구를 해결했을지도 모릅니다. 그러나 조지는 수많은 상황 속에서도 저에게 신실함을 지켜 주었습니다. 정말 멋진 남편이지요?

하나님 아버지는 정말 사랑이 많으신 분입니다! 주님이 저를 자유롭게 해 주셨기에, 저는 진정한 아내가 되었습니다. 더 이상 나쁜 꿈도 꾸지 않게 되었고, 야한 꿈도 사라졌습니다. 더 이상 혼자 힘으로 자신의 욕구를 채우려고 애쓰지 않습니다. 성(sex)은 마치 하나님이 주신 선물과도 같습니다. 저는 이제야 이 사실을 깨닫습니다. 성은 순결한 것이고 수치와 죄책감도 없습니다.

우리가 '집안청소(housecleaning)'를 할 때의 일을 기억합니다. 그때 '천식'의 영이 튀어나왔죠. 저는 천식의 영이라는 것이 있다는 사실조차 모르고 있었습니다. 이제는 말할 수 있을 것 같습니다. 이틀 동안 저는 흡입기를 사용하지 않았습니다! 주님을 찬양합니다! 다만 '발작(공격; attack)'이 일어날 것 같은 느낌이 두 번 정도 들기는 했습니다. 그때마다 저는 이렇게 외쳤습니다. "예수 이름으로 명한다! 천식은 이미 떠나갔다! 나에게는 천식이 없다!" 그러자 제 호흡은

편안해졌습니다.

한편, '코치'를 없앴던 일도 기억합니다. 그 코치는 늘 저에게 무엇을 해야 할지 알려 주었죠. 그때까지만 해도 제 생각은 극도로 혼란스러웠고, 온갖 잡다한 생각들 때문에 골치를 앓고 있었습니다. 뭐가 뭔지 도무지 알 수 없었습니다. 코치의 음성이 주님의 음성인지, 아니면 제 자신의 음성인지 분간할 수 없었습니다. 그리고 그 생각들은 귀가 먹먹해질 정도로 시끄럽게 들렸습니다. 이제까지 한 번도 생각해 본 적이 없을뿐더러, 예정에도 없는 음성이었습니다. 돌이켜 보니, 그 '코치'는 아마도 저를 혼란스럽게 하고 선한 목자의 음성을 제대로 알아듣지 못하게 하려고 저에게 보내진 악한 영이었던 것 같습니다.

이제 제 머릿속에는 더 이상 아무런 잡음도 들리지 않습니다. 생각도 훨씬 명료해졌습니다. 마루를 청소해야지 하고 생각하면, 그냥 마루를 청소합니다. 더 이상 머릿속으로 이걸까 저걸까 망설이지 않습니다. 예수님께 감사드립니다!

죽어야 할 게 하나 더 있었습니다. 아주 사소한 것입니다만, 그것은 저를 무척 화나게 만들곤 하였습니다. 제 차 뒤를 바싹 따라오는 차, 뭔가를 물어보기 위해 나에게 다가오는 앤디. 특히 앤디가 저에게 올 때마다 저는 무척 신경질적으로 반응하곤 했습니다. 그리고는 곧바로 그를 안아 주며 소리쳐서 미안하다고 사과합니다. 이제 운전에 대한 것은 아무렇지도 않습니다. 앤디가 저에게 다가와 안아 달라고 하거나 뭔가를 물어도 괜찮습니다. 단, 장난만 치지 않는다면 말입니다.

사실 제가 저에게 일어나고 있는 일에 대해 완전히 이해하고 있는 것은 아닙니다. 다만 한 가지만은 말씀드릴 수 있습니다. 하나님은 저를 수많은 속박에서 자유롭게 해 주셨습니다! 현기증 치료약을 끊어 보려고 애를 써 보았는데, 증상은 악화되기만 하였습니다. 이제는 주님께 어떻게 해야 할지 인도해 달라고 기도하고 있습니다. 주님은 계속 저를 위해 일하실 것입니다. 주님은 저를 위해 늘 최선의 것을 준비해 놓으십니다.

제 남편과 아들에 대해서 말씀을 드릴까요? 제 남편은 여전히 많은 책을 읽고 있습니다. 그는 주님이 제 안에서, 그리고 저를 위해서 하신 일들을 목격한 이래 더욱 열심을 내고 있습니다. 그는 앤디에게도 기적 같은 날이 찾아올 줄로 믿고 있답니다.

제 남편에게는 '투렛증후군(Tourettes symptoms; 반향언어증이나 외언증을 수반하는 운동실조증)'이 있습니다. 저는 이것이 신체적인 증상이라고 생각하지만, 그보다는 영적인 원인이 더 크게 작용하고 있으리라 여겨집니다. 저는 남편의 운동항진증(hyperactivity)뿐 아니라, 집중 능력과 학습 능력도 모두 치유될 줄 믿습니다. 조지는 당신이 앤디를 잘 돌보아 줄 것이라고 믿고 있습니다. 또 그도 언젠가 휴가를 내어 당신을 만나게 되기를 바라고 있답니다.

앤디를 위해 기도해 주신다고 하니 정말 감사합니다. 아마도 다른 사람들이라면 그러지 못했을 텐데 말예요. 당신이 사역한 모든 사람들로 인해, 주님이 당신을 아주 크게 축복해 주실 겁니다. 제 아들 앤디가 축사 사역을 받는 모습을 꼭 보고 싶습니다. 다시 한 번 감사의 편지를 드릴 수 있게 되기를 간절히 바라고 있습니다!

1997년 3월 7일
예수 안에서
달라스, 조지, 앤디 파인즈 드림

"형언할 수 없는 하나님의 은혜를 찬양합니다!"

혼의 묶임을 파쇄하라

초 판 발 행 | 2006년 12월 10일
개정판5쇄 | 2017년 8월 11일

지은이 | 빌 & 수 뱅크스 (Bill & Sue Banks)
옮긴이 | 최아성 / 임정아

펴낸이 | 허 철
펴낸곳 | 도서출판 순전한 나드
등록번호 | 제2010-000128
주소 | 서울 강남구 언주로69길 16, (역삼동) 2층
도서문의 | 02) 574-6702
편집실 | 02) 574-9702
팩스 | 02) 574-9704
홈페이지 | www.purenard.co.kr
인쇄처 | 예원프린팅

Printed in Korea

ISBN 978-89-91455-61-0   03230